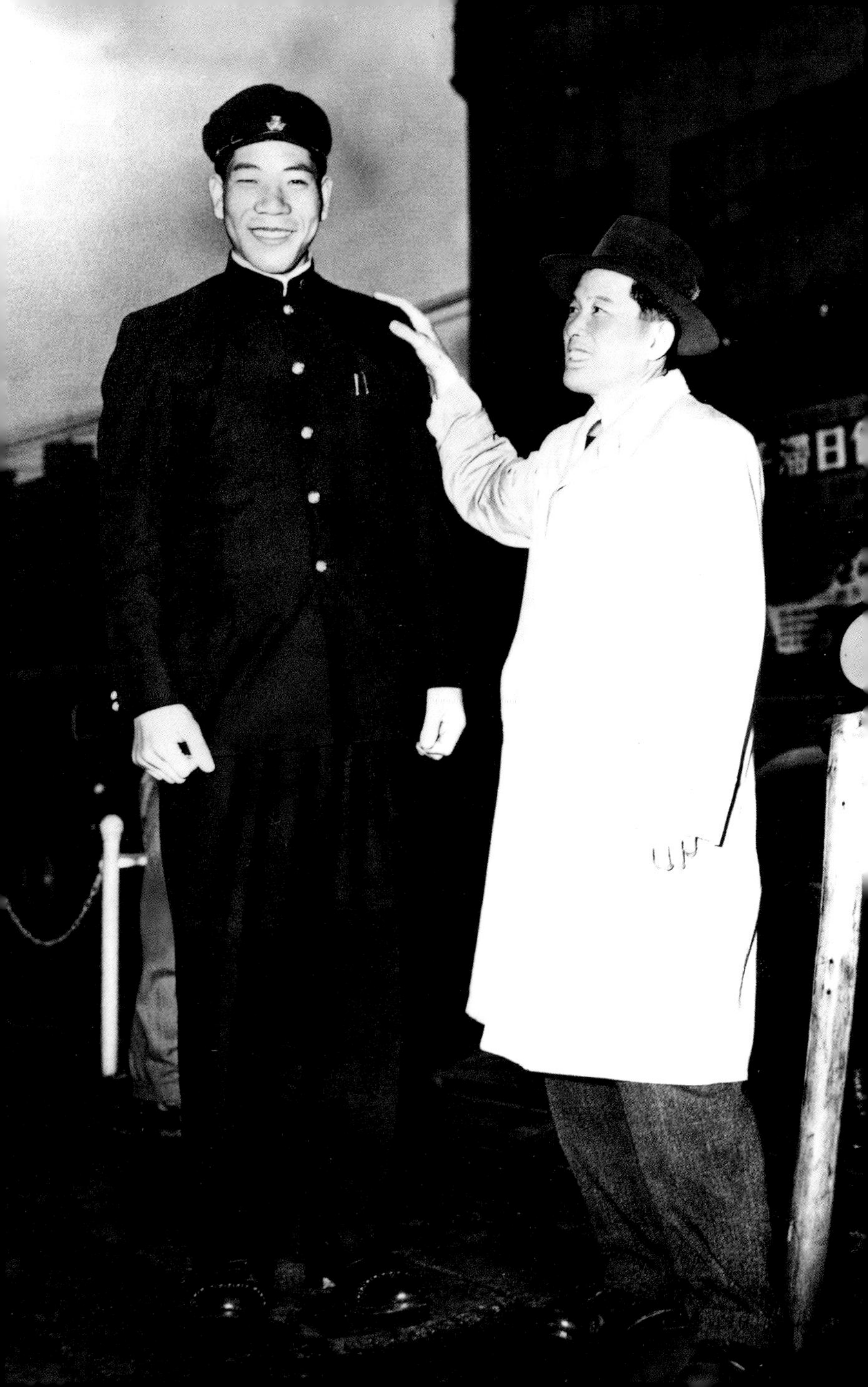

巨人軍の巨人　馬場正平

広尾　晃

巨人軍の巨人　馬場正平

もくじ

Prologue　4
1章　次男の末っ子　9
2章　「巨人」の系譜　27
3章　幸せな日々　57
4章　祈り、モルモン教との出会い　81
5章　短い夏　105
6章　巨人軍の一員になる　125
7章　長嶋茂雄前夜　149

8章 **プロの壁** 169
9章 **大手術** 195
10章 **キャリアハイ** 211
11章 **挫折と転生** 245
Epilogue 284
あとがき 288
馬場正平の野球成績（高校時代、巨人軍時代） 293
馬場正平 年表（プロレスラーになるまで） 300

Prologue

「讀賣巨人軍来たる！」　商店街の入り口の立て看板を見て、少年の心は躍った。

　1年前から父親に野球の手ほどきを受けて、今は明けても暮れても野球のことばかり。漫画雑誌の野球特集では飽き足らなくなって、本屋の店先で大人の野球雑誌を立ち読みするようになった。

　川上哲治、別所毅彦《たけひこ》、大友工《たくみ》、広岡達朗。表紙や口絵を飾る巨人軍選手の写真は、少年には神々しいもののように覚えた。

「今度の日曜日に、巨人が来るんだって」

　帰宅した父に、勇みこんで言ってみる。ラジオから大阪対巨人の中継が流れている。「どうせ二軍だろ、こんな田舎に川上が来るはずがないじゃないか。第一、甲子園で試合をやっている」

　浴衣に着替えた父は、咥え煙草でビールの栓を抜きながらそう言った。

しかし、それでも母は野球観戦のために、特別にお小遣いをくれた。

それを握りしめて商店街の新聞販売店で切符を買った。

「ぼっちゃん！　きみんとこの新聞何？　うちのにかえてくれたら、この切符、タダであげるんだけどなあ、お母さんに言っといてよ」

店主の声はろくろく耳に入らなかった。

少年は枕の下に切符を挟んで寝た。本当に指折り数えてその日を待った。

「昨日の夕方、巨人の選手が特別列車で来て、駅前の旅館に泊まったよ。玄関にでっかい靴がいっぱいならんでたって！　酒屋がビールケースをいっぱい旅館に運んだって。夜は温泉に入りに来たんだって。すごく大きかったって！」

一緒に行く約束をした友だちは、少年に会うなり、上ずる声で畳み掛けるように言った。

この友だちは新聞販売店が集金のついでに切符を持ってきたので、お金は払っていない。

少年は複雑な世の中をちらっと垣間見たような気がした。

町はずれの球場の入り口には、行列ができていた。この春の高校野球の地方大会では、並ばずにすっと入ることができたのに、さすがは巨人軍だ。

まだ試合開始まで1時間もあるのに、球場は満員だ。

「五千は入っとるだろう」

タオルを頭にのせて、その上から麦わら帽をかぶった大人がそう言いあっていた。

相手チームは国鉄。ノックをしている。

「金田はおらんのじゃな」という声も聞こえる。見事なバットさばき。

続いて巨人軍が姿を現した。

ノックバットを持った背番号31が、本塁の前で軽く素振りをくれている。

「千葉じゃ、千葉茂じゃ」

大人たちが騒ぐ。少年も、昨年引退した〝猛牛〟千葉茂のことは聞いたことがある。川上哲治と並ぶスターだった。少年の胸は高鳴った。

千葉は長いノックバットから次々と打球を繰り出した。ゴロもフライもライナーも、思いのままに打つ。まるで魔法の杖のようだった。

「まだ選手で行けるんじゃないか」

「ちばー！　今日は試合に出んのか」

一瞬ネット裏を振り返った千葉は、にやっと笑った。

あっという間にシートノックは終わり、内野には大きな如雨露《じょうろ》で水がまかれた。ラインが引き直され、試合の準備が整った。

一塁側がざわめいている。

見ると、ブルペンで見たこともないような大きな選手が投球練習をしている。

捕手や他の投手の頭は、この投手の胸のあたりまでしかない。

大男はゆっくりと捕手に球を投げた。長い顔、手も長い。

やがて、試合開始のときが近づくと、大男はゆっくりとマウンドに歩きはじめた。背番号がちらっと見えた。「59」大きな背番号だ。

審判が「プレイ！」を宣する。

大男は、突然、腕をぐるぐると振り回しはじめた。まるで巨大な水車のようだ。

場内は異様な興奮に包まれた。

ゆったりとしたフォームから、第一球。軽く投げたように思えたが、ボールは「ずどーん」と重い音を立てて捕手のミットに収まった。

少年は大男の投球をじっと見つめた。

「いいか、ボールの縫い目に垂直に、二本の指をかけるんだ」

父からはボールの握りをこう教わったが、大男は手が大きすぎるので、ボールをつまむようにつかんでいる。まるでピンポン玉のようだ。

二球目を国鉄の打者が打った。しかし打球は前には飛ばない。一塁側へのファウルフライ。一塁手がフェンス際で好捕。拍手が起きる。

続く打者は初球をバント、一塁線に転がる打球。大男はマウンドからどすどすと降りて打球をグラブに収め、意外に素早い動作で一塁に送球した。指先が一塁手のミットに振れるのではないか、と思った。

「へー、動きもいいじゃねえか」

大人たちが感心している。

場内はすっかり大男の動きに魅了された。

少年は入り口で渡された選手一覧に目を通した。

背番号「59」の横には「馬《ば》場《ば》正《しょう》平《へい》」と記されていた。知らない選手だ。身長は6尺4寸、体重は26貫。

そして選手ごとに書かれた寸評にはただ一言、「巨人軍の巨人」と書かれていた。

少年が巨人軍投手馬場正平を見たのは、この一度だけだった。

しかし、少年はこの日のことを一生忘れなかった。

1章 次男の末っ子

如才ない商人の町、三条

馬場正平の生地、三条《さんじょう》市は、東西に細長い新潟県のほぼ中央にある。日本海には面していない内陸の市である。現在の人口は約10万人。北は燕《つばめ》市に隣接し、南は守門岳《すもんだけ》など1500メートル級の山脈に連なっている。

町の中央には五十嵐川《いからしがわ》が流れる。この川は街の北外れで信濃川《しなのがわ》と合流している。南の山脈から溶け出す雪どけ水が源流。さして大きな川ではないが、水量は多く、流れは速い。この五十嵐川の左右には、見晴らしの良い平野が続いている。この地は「五十嵐」という姓の発祥地のひとつとされる。

新潟は世界有数の豪雪地帯だが、三条の平野部の積雪量は最大でも数十センチ。特に市街地ではそれほど積もらない。昔は一冬に一、二度は大雪が降ったが、最近は地球温暖化の影響もあって、真冬でも路面が見えていることもある。

三条は、越後の英雄、上杉謙信を輩出した三条長尾氏の拠点であり、中世には越後の中心地のひとつとして栄えた。

町の歴史は13世紀にさかのぼる。16世紀に成立したとされる県都新潟市よりも古い。

三条の町のはじまりは、鎌倉時代末期、日蓮の門弟日朗《にちろう》とその高弟日印《にちいん》が、本成寺《ほんじょうじ》を建てたことに端を発する。今も新潟県屈指の巨刹《きょさつ》である本成寺は、法華宗大本山。京都など全国に末寺を持つ大寺院だ。この寺院が創建されて以降、多くの信者、参拝者を集めたことから町は発展した。

三条は商工業の盛んな町である。江戸時代初期にはじまった金属加工業は、のちに「三《さん》条鍛冶《じょうかじ》」と呼ばれるようになる。

三条鍛冶は刀槍《とうそう》などの武器ではなく、和釘や鉈《なた》、鎌などの生活雑器の生産が中心。三条は、隣接する燕とともに金物の一大生産地となる。

また三条の人々は、これらの刃物を全国各地に売り歩くようになった。

この地方には市《いち》が多い。四日町、五日町、十日町など市の開催される日にちなんだ地名があちこちに見られる。

市では、金物だけでなく、食品や衣類、雑貨など様々な品物が商《あきな》われた。

この本を書くにあたって、三条市に何度か足を運んだ。

関西育ちの私から見れば、軒《のき》の低いがっしりした家が続く街並みは、ややくすんで見えた。町が赤茶けて見えるのは、冬季、融雪のために路面に撒く水の鉄分によるのだろう。

町の人々と接して感じたのは「人当たりが柔らかい」ということだ。適度な距離感を取って人と接している。「商人の町だな」という印象を持った。

もともと新潟県民は勤勉で「頼まれれば越後から米搗《こめつ》きに来る」と言われるほど、真面目だとされる。しかし、同時に排他的で、信頼関係を築くのに時間がかかるとも言われた。しかし三条では、そういう印象は持たなかった。商人の町らしい気さくさ、親しみやすさを感じた。

東京や大阪など大都会のような「生き馬の目を抜く」ような、せわしない印象もない。

飲み屋のおかみさんは「このあたりは隣近所の仲が良くてね、何かあればみんなで助け合うんですよ。お米やみそ、しょうゆの貸し借りなんかもしたものですよ。それに、よその地方から人が来たら、家に泊めたりすることも多かったんですよ」と言った。

一説には三条は「人口比で社長が全国一多い町」とも言われる。馬場正平も後年「社長」と呼ばれるようになるが、人との信頼を細く永くつなぐための交際術にたけた、如才ない人々が住む町、という印象を受けた。

エピソードをもうひとつ。戦前、新潟には新発田《しばた》（三条市から70キロ北東にある都市）に歩兵第16連隊が設置された。この連隊は郷土愛が強く、勇猛果敢だったが、同時に心優しい気

三条市の中心を流れる五十嵐川《いからしがわ》

質で、古兵による私的制裁《リンチ》が一度もなかったとも言われる。

おだやかで、細やかな気配りのできる地方なのだ。

こうした町に育ったことが、馬場正平の人格形成に少なからぬ影響を与えたと思われる。

町の中心を流れる五十嵐川は暴れ川であり、最近に至るまで水害を何度ももたらした。

しかし、それを除けば三条は、雪国にしては生活しやすい土地だと言えるだろう。

代々、土地に根付いた家柄

馬場（ばば・ばんば）は、地名というより一般名詞だ。

その名の通り、馬に乗る場所。武士の時代になり、馬を蓄えることが重要な軍事となってからは、馬場は全国に設けられた。馬場は、馬の調教の場であり、武士の鍛錬の場でもあった。

中世に入ると、馬場姓を名乗る人物が出てくる。

そのはじまりは、平安末期、平家討伐ののろしを上げた源頼政《みなもとのよりまさ》の父、仲政《なかまさ》だろう。子の頼政も「馬場」を名乗っている。

戦国時代には、甲斐、武田氏の重臣に馬場氏が現れる。武田信玄の四天王には、馬場信《のぶ》春《はる》の名前が見える。彼らも源仲政、頼政の後裔《こうえい》だと名乗った。真偽のほどはわからないが、信濃、越後などの馬場氏の多くは、この家系に連なると称している。

馬場正平の郷里である新潟県三条市にも「馬場」という地名がある。三条の中部、五十嵐川の左岸。1889（明治22）年までは「馬場村」という行政単位だった。ただ、この馬場が「馬の調教場」を意味する一般名詞なのか、歴史的な氏姓にちなむ固有名詞なのかはわからない。また、馬場正平の家系と何らかの関係があるのかもわからない。新潟県にはこのほかにも「馬場」という地名はたくさんある。

馬場正平の家系について、馬場正平の姪の幸子《さちこ》に聞いたが、先祖についてはよくわからないということだった。

しかし、馬場家の菩提寺《ぼだいじ》が、この地域屈指の巨刹本成寺内にあること、馬場正平の生家も本成寺のすぐ近くであり、正平自身も幼い頃から、この寺院の境内が遊び場だったことなどを考慮すると、馬場家は、この地に代々根付いた家柄だったことはほぼ間違いないと思われる。

前置きが長くなった。ここまでさかのぼって馬場正平の前史を紹介したのは、馬場の自伝以外にはほとんど語られることがなかった馬場正平の「プロレス入団以前」の前半生を語るうえで、生い立ちや育ちが非常に重要だと認識しているからだ。

ちなみに三条市出身の著名人には「大漢和辞典」の著者、諸橋轍次《もろはしてつじ》（旧南蒲原郡下田村出身）、写真家渡辺義雄《わたなべよしお》、最近では俳優の高橋克己《たかはしかつみ》、後述する馬場とも親交のあった女優の水野久美《みずのくみ》などがいる。

次男の末っ子

馬場正平は、1938（昭和13）年1月23日、新潟県三条市西四日町に生まれた。父は一雄《かずお》、母はミツ。

上には兄正一《まさいち》、姉ヨシ、アイ子がいた。正平は次男だったが、年の離れた兄、姉のいる末っ子だった。

この年の早生まれには、巨人のチームメイトだった坂崎一彦《さかざきかずひこ》、漫画家松本零士《まつもとれいじ》などがいる。同級生には俳優緒形拳《おがたけん》、歌手の美空ひばり、加山雄三《かやまゆうぞう》、投手の稲尾和久《いなおかずひさ》、元首相の森喜朗《もりよしろう》、プロゴルファーの杉原輝雄《すぎはらてるお》などがいる。馬場正平も含めて、戦後の芸能、スポーツを盛り上げた立役者が生まれた年と言って良いだろう。

馬場正平が生まれた日の東京朝日新聞には、吉川英治《よしかわえいじ》の「宮本武蔵」が連載中だった。

のちの大ベストセラーは、そろそろ人気を獲得しはじめた頃である。

大相撲は、正月場所の最中。横綱双葉山《ふたばやま》が1936（昭和11）年夏場所から続く大連勝を続けていた。それまでの第一人者だった横綱玉錦《たまにしき》は双葉山に歯が立たなくなっていた。馬場が生まれる前日には双葉山の勝負に玉錦と男女ノ川《みなのがわ》の二横綱が物言いをつける騒ぎがあった。双葉山の連勝は翌年1月場所、安藝ノ海《あきのうみ》に敗れるまで続く。今も破られない69連勝の大記録だ。

そうした賑やかな話題もあったが、紙面の大部分は8年前にはじまった日中戦争の記事で埋め尽くされていた。戦争の長期化とともに、戦死者も増えていた。また2年前にロンドン軍縮条約が失効したために、各国は建艦競争をはじめた。この5月には国家総動員法が施行され、日本は軍国主義の道をひた走っていた。

プロ野球ではタイガースが優勝。またこの年、熊本工業学校の川上哲治《かわかみてつはる》が巨人からデビュー。

のちの師匠力道山《りきどうざん》は14歳。まだ今の北朝鮮で生活していた。大相撲の二所ノ関《にしょのせき》部屋に入門するのは2年後のことだ。

馬場正平の父、馬場一雄は、鍛冶職人だった。自分で工房を持つのではなく、勤めの職人としてあちこちの鍛冶屋で働いた。

三条市は隣町の燕市とともに金属加工業の町だったが、馬場が住んでいた四日町周辺には越後三条打刃物《うちはもの》の職人や、刃物研ぎの職人の小さな工房がたくさんあった。

馬場本人の弁によれば、実家の両隣も鍛冶屋だったという。父、一雄は隣家に働きに出たのかもしれない。

しかし体が丈夫ではなく、勤めは長続きしなかった。次第に一雄は鍛冶屋の仕事をしなくなった。

そこで母、ミツは家計を助けるべく、自宅で青果商をはじめた。青果商と言っても食料品から雑貨までを商う「よろず屋」である。屋号は「梅田屋」と言った。

馬場が生まれた1938（昭和13）年の時点では、すでに一雄は鍛冶屋を辞めていて、一家の家計は「梅田屋」にゆだねられていた。

現在も「しもた屋」として店が残っている。馬場がプロレスに入って出世してから、店は一度建て直されている。後述する馬場の幼馴染で、二軒隣に住む大工の佐藤健一《さとうけんいち》が建てた。

佐藤が建てた今の建物にはしっかりした二階があるが、それ以前の二階は、屋根裏のように天井が低くて、かがんで上がらなければならないような小さな建物だった。

家の前には、五十嵐川の支流の新通川《しんどおりがわ》が流れている。周囲は住宅地。他の商家はない。

現在もパーマ屋や電気設備の小さな会社があるくらいだ。

近隣の人に聞くと、このあたりは昔から住宅地だったようで、町の人は何でも「梅田屋」で賄《まかな》った。

いわば、コンビニエンスストアの走りのようなものだ。信用の篤《あつ》い店だったようで、近所の評判も良かった。

母のミツは、近所に配達をした。また店の商売だけではなく、リヤカーを引いて近郷の市場に行って露店を出した。

後年、体が大きくなると馬場正平もこれを手伝うようになる。出張販売も行っていたのだ。

正平の姪の幸子は話す。

「当時は近くに問屋がなかったから、祖母や母は朝早くに起きて仕入れに行きました。家に帰ってくると店出しをして、そして市場にリヤカーを引いて出かけました。祖母ちゃんは、一日中休む暇もなかった。本当に忙しかった」

子どもたちの面倒は、父の一雄が見たようだ。

一雄は手先が器用で、勤めを辞めてからも、壁を塗ったり木っ端を集めて細工物を作ったりした。手先の器用さは正平に遺伝したのかもしれない。

母ミツはしっかりもので、仕事を切り盛りして働きまくった。

次の代も馬場家は馬場正平の長姉の馬場ヨシが切り盛りした。馬場家はしっかり者の女が取り仕切る家系だと言えるかもしれない。

当時を知る人は「馬場の家は、父ちゃんより母ちゃんのほうが大きかったな」とも言った。ただし実際は両親ともに小柄な人だったようだ。

兄・正一の戦病死

馬場家の長男、正一《まさいち》は両親にとって「自慢の息子」だった。

頭脳明晰で利発、性格も良かった。とりわけ達筆で、書道で賞を取るくらいだった。すでに正一を知る住民はほとんどいなかったが「あの人は頭が良かったらしい」という評判は、今の町の人からも聞こえた。

正一は、太平洋戦争のはじまりとともに応召《おうしょう》。一家は貴重な働き手を失った。

馬場正平は、１９４３（昭和18）年２月６日、ガダルカナル島で戦死したと書いている。

戦死者名簿を調べると、馬場正一という兵士は、仙台編成第二師団輜重兵《しちょうへい》第二連隊の上等兵として、１９４３年２月６日、ブーゲンビルで戦病死したとなっている。

ガダルカナルではなく、ブーゲンビルで死んだとなっているのだ。

戦死の月日が合っていること、そして馬場正平の自伝に、兄・正一が仙台の連隊にいた頃、休暇で帰省し、きょうだいに土産をくれたと記されていることからしても、これは同一人物だと思われる。

ただ馬場正一が、ガダルカナル島の戦いが原因で戦病死したのは間違いない。この戦いは太平洋戦争でももっとも悲惨な戦いと言われ、日本兵は乏しい物資のまま無謀な戦いを続けたため3万1千人の兵士のうち2万人が戦死、戦病死したと言われる。

特に兵站《へいたん》（武器・物資の輸送、補給）を担う輜重兵は米軍の狙い撃ちにあったと言われる。地図も持たずに夜中に山を越えて敵を急襲するなど無謀な戦いも多かった。

ちなみに兄・正一も、それほど大きな人ではなかったと推測される。当時、輜重兵には、乙種、丙種合格の比較的小柄な男子が任用されることが多かったからだ。

ガダルカナル島の悲惨で絶望的な状況は、長期間続いた。しかし軍部は面子もあって、なかなか撤退の判断を下さない。そのうちに餓死者が出るなど凄惨な状況になった。

1942（昭和17）年12月31日、天皇臨席の御前会議で、大本営はようやくガダルカナル島からの撤退を決定。しかし実施はさらに1か月遅れて、2月に撤退作戦が実行された。日本軍にとって、最初の撤退だった。このとき、敗退を作戦の一環であるかのように言いくるめる方便である「転進《てんしん》」という言葉がはじめて用いられた。

日本にとって、太平洋戦争が暗転するきっかけとなった重大な敗戦だった。

馬場正一は、撤退が決まる時期までは生存していたらしい。おそらくは輸送船で、兵員のひとりとして1000キロメートル北西にあるブーゲンビル島に撤退したのだろう。

しかしガダルカナル島の戦いは、死者の75%が戦わずして死んだ。病死、餓死が多かったのだ。

正一も撤退が決まった時には病気に感染するか、衰弱するかして瀕死の状態であり、ブーゲンビルに着いてほどなく死亡したのではないかと思われる。

馬場正平の自伝との事実関係について

ここで、この本の底本とした馬場正平の自伝について説明しておきたい。

馬場正平の自伝には、1994（平成6）年に出された『16文の熱闘人生』と、1987（昭和62）年の取材に基づいて没後の2002（平成14）年に出された『ジャイアント馬場王道十六文』がある。

この2冊の本の事実関係は基本的に同じだが、微妙に違いがある。

『ジャイアント馬場　王道十六文』（2002年・日本図書センター）

『16文の熱闘人生』（1994年・東京新聞出版局）

『16文の熱闘人生』では、正一の戦死については「戦死の公報と遺骨が返ってきた」と書かれているが、『王道十六文』には「戦死の一報が入っただけで、遺骨も遺品も戻ってこなかった」と書かれている。取材は『王道十六文』のほうが早いから、その取材の後に、遺骨が戻っていたのを思い出したのかもしれない。

実は、そうした微妙な違いとは別に、馬場正平の自伝と独自の調べを突き合わせると、いくつも食い違うことが出てきた。

自伝を口述筆記するときに、馬場正平は資料を手元に置いて話したのではなく、記憶を頼りに話したのだと思う。

その性格からして、また間違いの内容からして、馬場は事実を隠ぺいしたり、脚色、糊《こ》塗《と》したりする意図はまったくなかったと思う。単なる記憶違いだろうと思われるが、この本では事実関係について、その都度指摘していく。

長男を失った痛手、そして終戦

母ミツはずっと後年になっても「雪の降る日など、真夜中に人が外をサクサクと歩く音を聞くと〝あ、正一が帰ってきたんじゃないか〟と思ってしまうんだよ」と言ったという。

また近所の人には「正一がいたら、こんな商売しなくて済んだ」と繰り言を言ったという。

病弱な夫が頼りにならず、家計は女手ひとつで背負わなければならない。長男が帰ってきたら、文字通り大黒柱になってもらおう、それまでの辛抱だと思っていたミツの落胆は、想像に余りある。

戦後、長女ヨシに婿を取って店を継がせたのも、正一に代わる働き手を何とか作りたいという思いがあったからだろう。

また、末っ子の正平に終生、あふれんばかりの愛情を注いだのも、正一を失った痛手からだろう。

しかし、当時、満5歳の馬場正平はそうした両親、家族の悲嘆を深く知る由もなかった。

正平は自伝で、三条市から20キロ離れた長岡市の大空襲の思い出を語っている。

1945（昭和20）年8月1日、終戦の2週間前のこの空襲は、テニアンから飛来した125機の爆撃機が、900トン余りの爆弾を投下したものだ。

市街地の8割が焼失し、1476人が死亡、7万4千人が罹災《りさい》した。甲信越地方では最大の空襲だった。

正平は父と家の屋根に上がり、西南の空が赤く焼けるのを見ていたという。

長岡の町が空襲されたのは、新潟第2の都市であるとともに、連合艦隊司令長官で、真珠湾攻撃の総指揮を執った海軍元帥、山本五十六《やまもといそろく》の郷里だったからではないかと言われた。後に馬場家はこの長岡市の焼け跡で商売をすることになる。

屋根の上で父、一雄は「次は三条じゃないか」と言った。

そこで馬場家は空襲に備えて家を出て近所の田んぼの中に仮小屋を建てて疎開したが、空襲の前に終戦が訪れ、三条の町は戦禍《せんか》を免れた。

前年、馬場正平は、三条市立四日町国民学校（戦後は四日町小学校）に入学している。

この学校は、馬場の家から東へ歩いて10分ほどの距離にあった。

今は他の小学校と合併し、嵐南《らんなん》小学校となった。さらに馬場が進学する三条市立第一中学校と併合され、小中一貫校になった。現在の校地は旧校舎の東隣にある。

入学した時の馬場正平はクラスでもいちばん小柄だったという。利発で明るい子どもだったとされる。

この時期の馬場正平は、どこにでもいる平凡な子どもだった。

しかし馬場の肉体の内部では、ある病変がゆっくりと進行していたのだ。

2章 「巨人」の系譜

アクロ・ジャイガンティズム

馬場正平が少年時代に発症した病気は「脳下垂体腺腫《のうかすいたいせんしゅ》（下垂体腺腫）」と言う。

この宿痾《しゅくあ》が、馬場正平をジャンアント馬場たらしめたのだ。

「『脳下垂体腺腫』は、良性の腫瘍《しゅよう》です。でも、なぜ腫瘍ができるかはわからない。少なくとも遺伝ではない。他の腺腫の原因がはっきりしないのと同様です」

東京労災病院院長、寺本明《てらもとあきら》は明快に言った。

寺本は、1973年東京大学医学部卒業。日本医科大学脳神経外科主任教授、同大学医学研究科長などを歴任。脳神経外科の世界的権威であり、間脳下垂体疾患の臨床、特に経鼻的下垂体手術の第一人者。もし、馬場が現在この病気にかかっていたら、寺本の治療を受けた可能性が高い。日本脳神経外科学会、日本間脳下垂体腫瘍学会の理事長を務めた。

寺本は、奇しくも馬場正平が讀賣巨人軍の選手になった後に、下垂体の腫瘍を取り除くために開頭手術を受けた東京大学医学部外科の清水健太郎《しみずけんたろう》教授の孫弟子にあたる。

脳下垂体は、頭蓋骨のほぼ中心、眉間から奥に向かって7センチ前後のところに位置し、脳から細い茎でぶら下がっている。文字通り脳から垂れ下がっているので「脳下垂体」あるいは「下垂体」と言う。

正常な脳下垂体は、女性の小指の先端くらい。ごく小さな器官である。重さは1グラム以下。

脳下垂体は前葉と後葉に分かれていて、前葉が大きな容積を占めている。

小さな器官だが、脳下垂体は人間の成長、生命維持に決定的な役割を果たしている。

前葉からは成長ホルモン（GH）、母乳を分泌するプロラクチン、甲状腺《こうじょうせん》刺激ホルモン、副腎皮質《ふくじんひしつ》刺激ホルモン、性腺《せいせん》刺激ホルモンを分泌する。

後葉からは抗利尿ホルモン、子宮収縮ホルモンを分泌する。

脳下垂体腺腫は、この重要な器官にできる良性の腫瘍だ。つまり「脳腫瘍」の一種である。

脳下垂体腺腫は腫瘍ができる部位によって、さまざまな症状が現れる。

巨人症はいくつもある下垂体腺腫のうちのひとつであり、「成長ホルモン産生腫瘍《さんせいしゅよう》」と呼ばれるものだ。

15歳までにこの病気を発症し、成長ホルモン（GH）が過剰に分泌されると、身長が異常に伸びて巨人症になる。体が大きくなるだけでなく、手足の先端が巨大化し、顔の形が変化する。

　成人になってから発病すると、身長は伸びないが、額や顎が突き出て、手足が肥大化する。

　成人になってからの病気を昔は末端肥大症《まったんひだいしょう》と言ったが、今はアクロメガリー（Acromegaly・先端巨大症）と言う。

　寺本は言う。

「骨端腺《こつたんせん》（骨の端にある軟骨が骨にかわってゆく境目の部分）が閉鎖する前である15歳までにこの病気に罹《かか》ると、成長ホルモンによって、骨が異常に成長して、巨人になります。骨端腺が閉鎖した15歳以降に発病すると、骨は伸びないで体の先端部分だけが大きくなります。

　下垂体性の巨人症とアクロメガリーは、発症の時期が違うだけでまったく同じ病気です。私たちは、下垂体性の巨人症をアクロ・ジャイガンティズム（Acro-Gigantism）と呼んでいます」

　顔の変形や手足の肥大化などの兆候があったうえで、男性は１８５センチ、女性は１７５センチ以上ある場合を、「下垂体性の巨人症」と認定する。

　もっともこれは、日本人の基準であり、体格の異なる海外には別の基準がある。

下垂体の位置

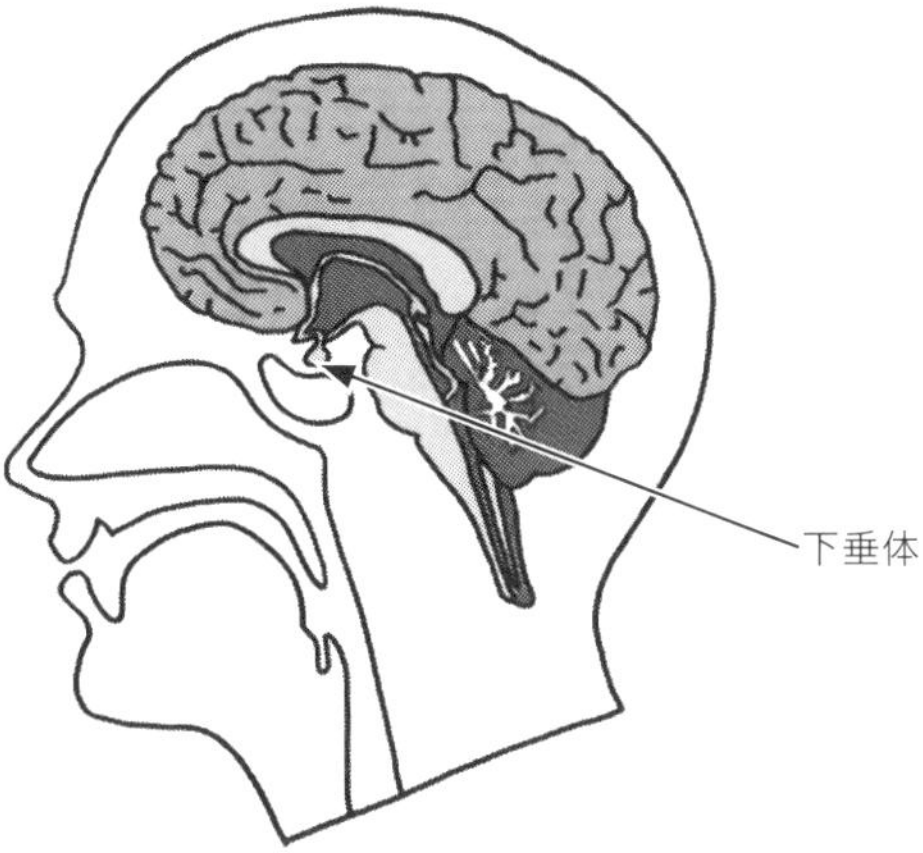

（イラスト：おおしまりえ）

宝くじに当たるより稀な病気

　この病気の発症率は極めて小さい。

「原発性の脳腫瘍は、年間１００万人当たり１００人が発症します。このうち20人が脳下垂体腺腫、さらにその四分の一、５人程度がアクロメガリーになります。男女による差はありません。また国によっても差はありません。どの国でもほぼ一定です。

　アクロメガリーの多くは40代から50代で発症します。15歳以下で発症してアクロ・ジャイガンティズムになる人は、アクロメガリーのさらに百分の一程度です。

　東京都でいえば、年に50人くらいがアクロメガリーを発症します。その百分の一ですから、下垂体性の巨人症は東京都内で２年に１人くらい出るということになります。極めて稀な病気だと言えるでしょう」

　宝くじで一等が当たる確率は、約10万人に１人。下垂体性の巨人症は、２０００万人に１人、日本全体でも年に5、6人しか発症しない。宝くじの一等よりもはるかに確率は低い。

　こういう病気に罹ることと自体が「運命の子」としか言いようがない。

　馬場正平は、まさに「神に選ばれし子」だったのだ。

長くは生きられない

アクロ・ジャイガンティズムは、単に体の外形が変化するだけの病気ではない。

「この病気の人は、目の視野が独特なものになります。一般的には左右の視野が欠けます。腫瘍はひとつですが、両方の眼の視神経が交錯した場所にできるので、両方の眼の視野が狭くなるんです。

視野の検査をすれば、どの部分に腫瘍ができているかが特定できます。

馬場正平の場合も、一般の人とは見え方が違っていたでしょうね」

巨人軍に入団した後に馬場は失明の危機に瀕《ひん》するが、それは腫瘍が進行したからだ。

さらに成長ホルモンは、身体のすみずみまで循環しているから、外見の変化だけでなく、徐々にではあるが、あらゆる内臓や血管に悪い影響を与える。

適切な治療を受けずに長期にわたって成長ホルモンの異常分泌が続いた場合は、糖尿病、高血圧症、高脂血症などの合併症状が出る。さらにそれが悪化すると、狭心症や心筋梗塞、脳血管障害などを起こす危険性も高まる。

また大腸がんなどを合併する可能性も高くなる。

いわば過剰な成長ホルモンによって、成人病、生活習慣病が一気に押し寄せるようなものだ。

この結果、腫瘍自体は良性だが、患者の寿命は短くなることが多いのだ。

「私はアクロメガリーを発症した患者さんに〝このまま放置しておくと、寿命が10年縮まります〟と話します。

今では、手術や薬物で、かなりの人が完治に近いところまで行きますが、治らない部分が残れば、やはり寿命は短くなる。

男性が40歳で発症すれば、日本人の平均寿命80歳より10歳短い70歳くらいでしょうか。

巨人症の場合、15歳以下で発症するわけですから、平均寿命は40歳台だと思います。

馬場正平の場合、61歳まで生きたのですから、ちょっと信じられないですね」

馬場正平には専門家の寺本から見ても、一般的なアクロ・ジャイガンティズムの患者からはかけ離れた、信じられない部分がいくつもあった。

まだ存命中から、寺本は、馬場正平に、専門家として強い医学的関心をもっていた。後述するが、馬場に連絡も取っている。

確立している治療法

現代では、アクロ・ジャイガンティズムの治療法は確立している。

ＭＲＩ検査、眼科・耳鼻科検査、ホルモン検査（血液検査）を経て、手術、投薬をする。

手術は馬場の時代（昭和中期）までは、開頭手術が一般的だったが、今は鼻からアプローチする経鼻的内視鏡手術がほとんどだ。

患者は少し上向きに寝て口から麻酔を施される。左右どちらかの鼻腔から内視鏡を鼻の奥に挿入し、粘膜を切開して脳下垂体の直下に到達する。ここで薄い骨の壁を切り開く。すると硬膜という膜に包まれた脳下垂体と腫瘍が現れる。腫瘍だけを摘出して、空いたスペースに患者自身の太ももから採取した筋肉片や脂肪片を詰め込み、骨の壁をセラミック片でふさいで固定する。

言葉で書くと大層な手術のようだが、手術時間は２時間。準備を含めても４時間程度。傷はまったく残らない。

『買ってはいけない』などの著書で知られる編集者、ライターの山中《やまなか》登志子《としこ》は、十代後半でアクロメガリーを発症した。山中はその闘病生活を『外見オンチ闘病記』につぶさに書いている。

この病気ならではの苦悩が率直に描かれているが、この著書で、山中の手術を担当した虎の門病院の脳神経外科医、山田正三《やまだしょうぞう》は「地味な手術なんだね、よく言うんだけど。たとえば耳かきの掃除だとすると、ぼくはしつこくしつこく耳垢を取るんだよね（笑）」と語っている。高度な専門性のある手術ではあるが、大手術とはいえないようだ。かつては、命の危険も大いにある大手術だったのだが。

また腫瘍が大きく広がっている場合は開頭手術もある。さらにガンマナイフ、サイバーナイフなどの放射線治療もある。

手術で腫瘍が取りきれなかったり、脳下垂体そのものの機能が損なわれたりした場合は、継続的に薬物療法を行う。

今では、あらゆるケースに合わせて治療方法が整備されている。

ただし、伸びてしまった身長を縮めたり、変容した骨格や巨大になった指先などを元に戻したりすることはできない。

アクロ・ジャイガンティズムは、病気をいかに早く発見し「止めるか」がすべてなのだ。

寺本は言う。

「この病気は、〝気づきの病気〟です。親や周囲の人がいかに早く異状に気づくかです。

『外見オンチ闘病記 顔が変わる病「アクロメガリー」』山中登志子著（2008年・かもがわ出版）

今は、学校の記念写真などで頭ひとつ抜けて大きい子がいたり、特異な容貌の子がいたりしたら、すぐに検査をします。だから、そのまま成人になる子はいません。今は巨人症が脳下垂体の腫瘍による成長ホルモンの病気だということが認知されているので、手術をためらう人はいません。

元柔道選手のタレントに巨人症の特徴的な容貌をした人がいますが、彼も手術を受けて病気は止まっているはずです。彼は結婚もして子どもも設けている。脳下垂体の機能が維持できたのかもしれません。

日本もそうですが、先進国では巨人症の人はほとんどいなくなった。テレビやインターネットで話題になる巨人は、みんな医療体制の整っていない開発途上国の人です」

第二のジャイアント馬場が日本から誕生することはもうないのだ。

なお、下垂体性の巨人症と似た病気にソトス症候群がある。別名脳性巨人症。染色体の異常により、胎児、幼児のころに過成長する。頭が大きく長頭になる。前額・下顎の突出、手足が大きいなど、下垂体性の巨人症と似た症状があるが、こちらは精神発達の遅延があり、てんかんなどの合併症もある。治療法は確立されていない。

「無知」「無理解」という、もうひとつの苦難

人々は、自分たちのコミュニティから、ごくまれに巨人が生まれることを大昔から知っていた。世界中に「巨人伝説」があることが、それを物語っている。

19世紀前半に書かれた神秘小説『フランケンシュタイン、あるいは現代のプロメテウス』に出てくるモンスター（フランケンシュタインは、このモンスターの生みの親の名だが、のちにモンスター自身の名だと誤解される）の風貌は、まさに巨人症そのものだ。こうした異形の人間が生まれるのは、人類の大きな謎のひとつだとされてきた。

巨人と脳下垂体の異状に関連性があることを突き止めたのは、フランスの脳神経学者のピエール・マリーだ。1883年に発表した論文でこのことを発表した。

ピエール・マリーは、アクロメガリーの命名者でもある。ギリシア語で「先端」を表すアクロンと「巨大」を表すメガを組み合わせたものだ。

20世紀に入って、アメリカの脳外科医、ハーヴェイ・クッシングが、下垂体腫瘍（この時点ではアクロメガリー、アクロ・ジャイガンティズムだけ）の鼻からの手術法を確立した（クッシングは1910年ころから再び開頭手術に戻った）。

クッシングの名前は下垂体腺種の別種の病気である「クッシング病」に残されている。クッシングは、クッシング病と下垂体腫瘍の関係を見出した。1910年頃までは、「下垂体腫瘍＝アクロメガリー、アクロ・ジャイガンティズム」だったわけだ。その後に、クッシング病やホルモン非分泌性腺腫が認識されてきている。

1910年代には手術が盛んに行われるようになる。極めてリスキーながら、鼻から器具を通したり、開頭手術をしたりして、外科的な治療もはじまった。

馬場正平が生を受けた1938（昭和13）年の時点で、専門家の間では脳下垂体腺腫と巨人症の因果関係はほぼ解明されていた。

しかしながらこの情報は、一般社会にはなかなか広まらなかった。

何と言っても、この病気が極めて稀にしか発生しないことが大きい。下垂体腺腫による巨人はいつの時代も、日本全体で数十人しかいないのだ。専門家の数も非常に少なかった。寺本によれば、今もこの病気の手術を専門に行う医師は全国に十人程度だという。アクロ・ジャイガンティズムの患者は、ほぼすべてこの十人程の医師の誰かが診ている。

昭和中期まで、一般の医院や病院で、この病気についての知識を有する医師はほとんどいなかった。また一般的に流布する書籍類も皆無だった。

おそらくは、新潟に住んでいた時期の馬場正平は、この病気についてほとんど知らなかったと思われる。周囲の人も、町医者なども、この病気の存在を知らなかっただろう。

根強い差別意識

日本だけでなく、世界中で巨人に対しては根深い差別意識がある。

異形のもの、一般の人よりも並外れたものに対して、人は排他的になり、警戒感を抱いたり、攻撃性を帯びたりする。

また脳下垂体腺腫による巨人は、大きいだけでなく独特の容貌を持つ上に、動きもスローモーなために、よけいに差別や偏見の対象になりやすい。

昭和10年代、大相撲には出羽ヶ嶽文治郎《でわがたけぶんじろう》という身長207センチ、体重203キロの大巨人がいた。顔は長大で、ひさしと顎が飛び出て、巨人症の典型的な容貌をしている。

NHKの大相撲ラジオ放送の草分け的なアナウンサーである松内則三《まつうちのりぞう》は、出羽ヶ嶽が土俵に上がるたびに「大男、総身に知恵が回りかね、出羽ヶ嶽の登場です」とやった。

今となっては考えられないが、近代になっても巨人に対する差別意識は残っていたのだ。

巨人症に対する認知が広がらないこともあって、馬場正平に対する記事も無責任で、科学的根拠に乏しい妄説が多かった。

この本を書くにあたって、馬場正平に関する記事を渉猟《しょうりょう》したが、「少し調べればわかりそうなものを」と言いたくなるようなものが非常に多かった。

曰く、馬場は両親は小柄だったが、祖父母が大きかった。隔世遺伝で巨大化した。

曰く、風呂場で頭を打ってから身長が伸びはじめた。

曰く、馬場は自分の巨人症が遺伝するのを恐れて子どもをつくらなかった。

すべて嘘っぱちである。

馬場正平本人は、こうした俗説を肯定も否定もしなかった。しかし、老成してからはともかく、若いうちは深く傷ついていたはずである。

引きこもり、うつ、自殺

アクロ・ジャイガンティズムの患者は、担当医とはほぼ一生の付き合いになる。寺本は、巨人症の若者のその後の人生も、見続けてきた。

「巨人症になると、普通に歩いていても体をぶつけたりすることも多いし、好奇の目にさらされるのが嫌で、引きこもりがちになる人が多いです。うつ病を発症する率も高い。自殺者もいます。

知能的にはまったく影響がないのですが、外見に加えてスローモーな動きになるために、あざけりの対象になりやすいんです」

寺本はある巨人症の青年に〝アメリカへ行ってはどうか〟と勧めたことがある。アメリカでは2メートル位の背丈の人は普通にいる。そちらのほうが楽に生活できる、と言ったのだが、その青年は決断できなかったという。

アクロ・ジャイガンティズムの患者の悩みが深いのは、社会の偏見、好奇の目に加えて、この変貌が、先天的な病気や奇形によるものではないことが大きい。

彼らは生まれつき巨大だったり、特異な容貌をしていたわけではなく、人生の途中で変貌したのだ。

一般の人と何ら変わらない体格、容貌だった時代の記憶があって、その後容貌が激変したのだ。

小説ではあるが、エリザベス・マクラッケンの『ジャイアンツ・ハウス』では、幼児の時に巨人症を発症し、背が伸び続ける少年と、図書館司書の女性の恋愛を描いている。巨大化するとともに孤独が深まる少年の深い苦悩が描かれている。

少年は巨大ではあるが、繊細で知的な心の持ち主だった。しかし、周囲の無理解の中で、次第に追い込まれていくのだ。

日々進行していく病気へのおののき、周囲の人々の接し方の変化、将来への不安、などが相まって深刻な疎外感、絶望、沈鬱《ちんうつ》をもたらす。

馬場正平は、常人にはまったく想像がつかないこうした深い悩みを抱えつつ、アスリートとして、また経営者として世の中に全身をさらし、発言し、人々の尊敬を勝ち得ていたのだ。

こういう人物はおそらく空前絶後だと思う。

巨人症同様、小人症も過去の病気に

前述のように「巨人」は極めて稀にしか出現しないが、人々はその存在について知っていた。そしてその活かし方も熟知していた。

西洋では、こうした巨人はサーカスや見世物で使われるのが一般的だった。

「巨人と小人」などの見世物も多かった。

ちなみに脳下垂体の異状による小人も存在する。難産などによって、鉗子《かんし》でつまみ出された嬰児《えいじ》は、脳下垂体と脳をつなぐ茎が切れてしまう。このために脳からの成長ホルモン（GH）の産生を促す信号が脳下垂体に届かなくなったために起こる。

『ジャイアンツ・ハウス』エリザベス・
マクラッケン著（1999年・新潮社）

治療法は、成長期に成長ホルモンを注射すれば良いのだが、かつては、成長ホルモンは死んだ人の脳からしか採取することができず、微量で、非常に貴重だったために治療は難しかった。しかし今は遺伝子組み換え技術によって大腸菌を使って成長ホルモンをつくることができるようになり、この病気もほぼ克服されている。下垂体性の巨人症も小人症も過去の病気になりつつある。

力士になる運命だった昔の巨人

日本では、巨人は相撲界に入るのが一般的だった。

大相撲は18世紀半ばには今の興行形態とほぼ同じになっていた。番付も、1757(宝暦7)年から現在までつながっている。

当時の番付の最上位は大関だったが、18世紀末までは、大関には実力のある力士を据《す》えず、地方でスカウトした体が大きい素人を置いた。これを「当座関」「看板」と言った。文字通り「見世物」である。

彼らは「土俵入相勤候《どひょういりあいつとめそうろう》」と書かれ、相撲は取らず土俵入りだけをした。まれに看板同士で相撲を取ることもあった。

力士たちの姿は錦絵で残っている。中には遺伝的に体が大きい力士や、肥満体などの力士もいるが、下垂体腺腫による巨人症と思われる力士たちも多い。いずれも顔は長く、額や顎が突き出た特徴的な容貌をしている。また力士の中でも際立った長身でもあった。

江戸時代を通じて、大関は127人を数えるが、このうち60人ほどは相撲を取らない「看板」だった。また、大関以下の各段にも相撲を取らない「看板」はかなりいたものと思われる。今に残る錦絵を見ると、巨人の特徴を示す「看板」が多数いる。

18世紀後半から幕末にかけての日本の人口は2500万人から3000万人だった。下垂体性の巨人症の発症率が現在と同様、2000万人に1人だとすると、この期間の巨人症の人は全部で150人程度。男女差はないから、男性は75人ほどだ。あくまで推計ではあるが、当時、巨人症の男性は相撲界で生きていくのがほとんど唯一の選択肢だったのではないだろうか。

アスリートタイプの巨人

現代までの大相撲の歴史から、巨人症と思しき力士たちの記録をピックアップした。巨人症は、病気による巨大化だから、健康面だけでなく、運動能力も影響を受ける。巨人は敏捷性《びんしょうせい》がなくなる。

治療によって成長ホルモンの分泌が止まらなければ、身長は伸び続け、運動機能はどんどん下がり続ける。最後は歩行や起き上がることさえ不可能になる。相撲などできないはずである。

しかし大相撲の記録を見ると、体のサイズや容貌から見て、明らかに巨人症と思える力士が、そうでない力士に伍して好成績を上げている例が散見される。

それどころか、明らかな巨人症と思われる雷電為右衛門《らいでんためえもん》は、大相撲の歴史上、最強の力士だとされる。横綱にならなかったのは、将軍上覧など特別のイベントがなかったからだ。生涯成績２５４勝10敗14預かり５無勝負の勝率．９６２は、今に至る幕内全力士中で最高である。

雷電より少し前に出た大関も釋迦ヶ嶽雲右エ門《しゃかがたけくもえもん》は、２２７センチ１８０キロの大巨人だったが、この力士も実力があった。

大空武左衛門《おおぞらぶざえもん》もほぼ同じ大きさ。牛をまたいだと言われ、その錦絵が残っている。同時期に三楯山藤太夫《みたてやまとうだゆう》という身長１９７センチの看板大関がおり、このふたりの対戦は大きな評判となったという。

また19世紀半ばの生月鯨太左衛門《いけづきげいたざえもん》もほぼ同じ大きさの巨人、相撲は取らなかったが６年

■巨人症の可能性があるおもな力士とその成績

力士名	生	没	没年	身長	体重	最高位	勝	敗	勝率
白川関右衛門		1769		194	153	大関	21	14	0.600
九紋龍清吉	1744	1808	64	206	150	大関	35	14	0.714
釈迦ヶ嶽雲右衛門	1749	1775	26	227	180	大関	23	3	0.885
鷲ケ浜音右衛門	1756	1802	46	197	146	大関	140	37	0.791
大岬丈右衛門		1814		191		大関	57	24	0.704
雷電為右衛門	1767	1825	58	197	170	大関	254	10	0.962
鶴渡岡右衛門	1770	?		191		大関	14	12	0.538
白川志賀右衛門	1781	1818	37			大関	21	22	0.488
大空武左衛門	1796	1832	36	227	131	看板			
三楯山藤太夫	1809	1849	40	197	131	前頭1			
生月鯨太左衛門	1827	1850	22	235	169	前頭1	3	2	0.600
白真弓肥太右エ門	1829	1868	39	208	150	前頭1	58	123	0.320
武蔵潟伊之助		1890		209	140	関脇	72	46	0.610
大砲万右衛門	1869	1918	48	194	132	横綱	98	29	0.772
対馬洋弥吉	1887	1933	45	190	105	大関	62	46	0.574
伊吹山末吉	1895	1930	35	189	116	前11	7	16	0.304
出羽ヶ嶽文治郎	1902	1950	47	206	195	関脇	150	138	0.521
男女ノ川登三	1903	1971	37	191	146	横綱	247	136	0.645
白頭山福童	1903	?		208	132	三段目			
大八洲晃	1906	1975	69	192	120	前10	192	120	0.615
大浪妙博	1908	1985	78	187	101	前3	82	103	0.443
冨ノ山等	1914	1945	41	185	116	前4	25	45	0.357
大起男右衛門	1923	1970	46	194	180	小結	265	306	0.464
不動岩三男	1924	1964	39	214	126	関脇	105	121	0.465
大内山平吉	1926	1985	59	202	152	大関	304	256	0.543

間も土俵入りを務めた。

幕末には「看板」はなくなり、番付は実力本位になったが、それからも巨人力士は幕内に上がっている。

明治以降には横綱も大砲万右衛門《おおづつまんえもん》、男女ノ川登三《みなのがわとうぞう》のふたりが出ている。対馬洋弥吉《つしまなだやきち》、大内山平吉《おおうちやまへいきち》という大関も出た。

それ以外に、横綱・千代の山《ちよのやま》はどうだったのか。私は引退後に生で何度も見ているが、額が飛び出て顎も突き出て、巨人症のように見えた。しかし、現役時代の肉体はそのようには見えない。

また、生没年を見ると、当時の日本人の平均寿命を超えて生きている力士もいる。

一般的には、巨人症の人は、内向的になると言われる。また動きも鈍くなるので、運動などもしなくなるが、なかには周囲の環境やその人間のモチベーションなどによって、肉体の鍛錬に励み、アスリート化する人がいる。さらにそのなかには現代のような外科的治療や投薬をしなくても、比較的健康で長寿をまっとうする巨人もいる。

私の素人考えではあるが、下垂体性巨人症の巨人の中には「アスリートタイプの巨人」もいるのではないか。大相撲史に散見される「巨人強剛力士」は、まさにそういう人たちだったのではないだろうか。

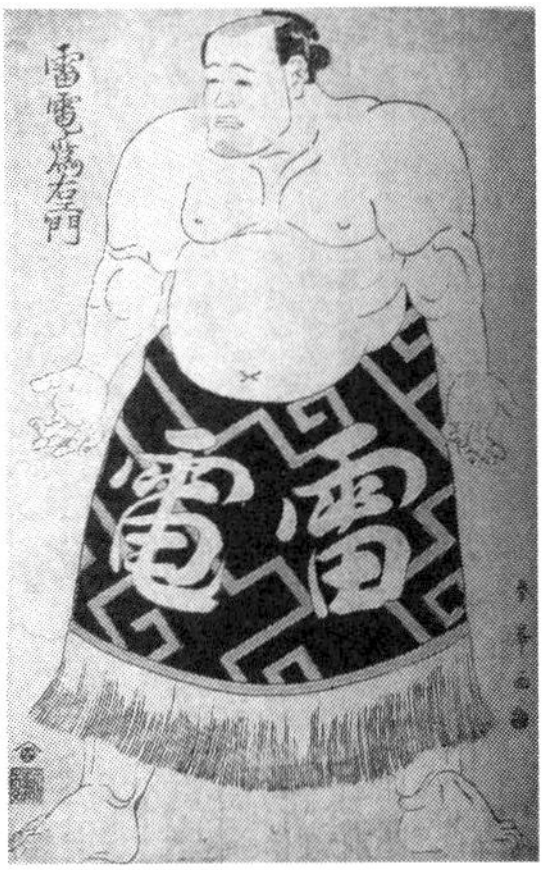

雷電為右衛門（1767－1825）
（画：『大相撲人物大事典』より）

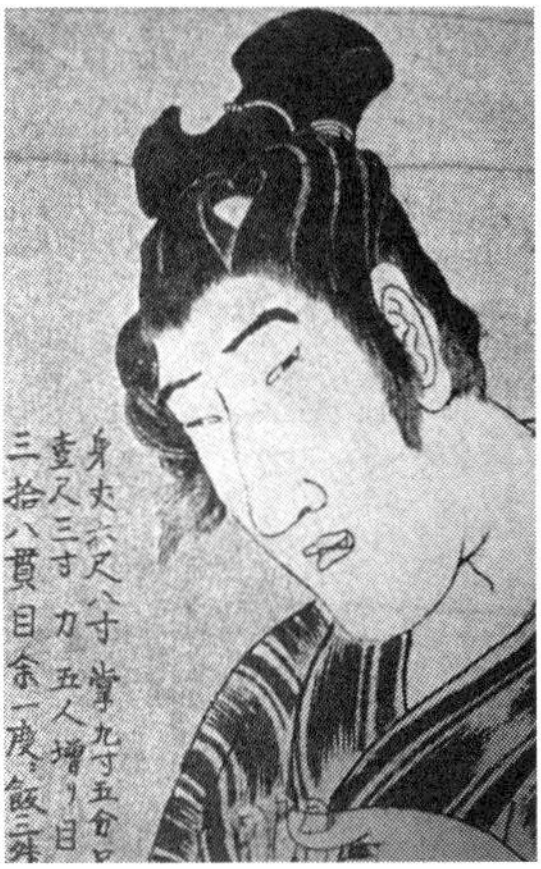

釋迦ヶ嶽雲右ェ門（1749－1775）
（画：『大相撲人物大事典』より）

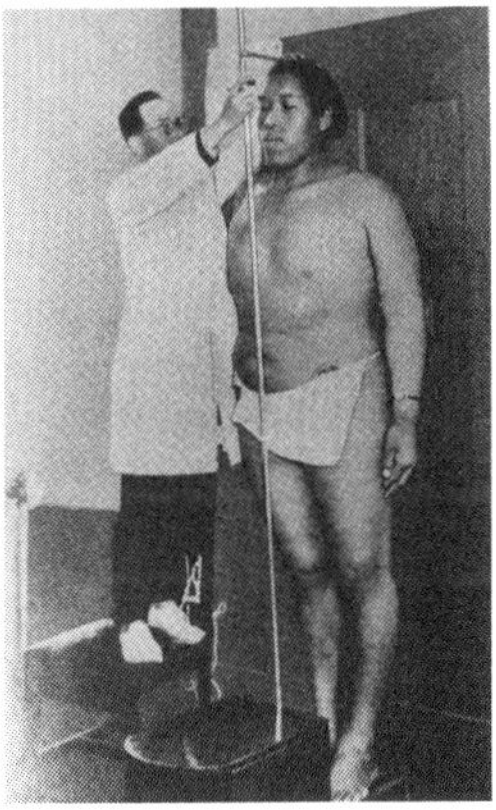

出羽ヶ嶽文治郎（1902－1950）
（写真：『文ちゃん伝 出羽ヶ嶽文治郎と斎藤茂吉の絆』大山真人より』

大内山平吉（1926－1985）
（写真：『大相撲人物大事典』より）

関連する話として、医師であり作家でもある篠田達明《しのだたつあき》は、宮本武蔵《みやもとむさし》も巨人症だったのではないかと言っている（『芸術新潮』2000年4月号）。

武蔵が子どものころから並外れて大きかったこと。あごや手足が大きかったこと。また重たい刀を2本ももって戦うには、よほどの膂力《りょりょく》が必要だったこと、などからだ。篠田は武蔵が晩年に急速に衰えているのは、巨人症の合併症によるものだと言っている。武蔵は61歳で死んだ。当時としては十分な長命だった。

これだけでは真相はわからないが、宮本武蔵も「アスリートタイプの巨人」だった可能性はあるだろう。宮本武蔵も馬場正平と同じく手先が器用で、画人としても一家を成した。馬場正平、後のジャイアント馬場も、「アスリートタイプの巨人」だった。大昔の雷電の系譜に連なるひとりだった。

大相撲の世界と異なり、巨人症のプロ野球選手は、調べた限り、馬場正平ひとりのようだ。

ただ1955（昭和30）年の雑誌「野球界」には、成蹊大学野球部主将で4番、一塁手の荘清常《しょうきよつね》という選手は身長が6尺4寸5分（195センチ）、26貫（98キロ）あったと記されている。プロ野球には入らなかったが、この選手が巨人症だった可能性はあるだろう。

バスケットボールの岡山恭崇《おかやまやすたか》は自分は巨人症であるとカミングアウトしている。身長

２３０センチ、体重１５０キロ。大阪商科大学時代にアメリカで巨人症であることが確認され、住友金属入社後に放射線治療を受けた。

私は、大阪商科大学の寮のあった町に住んでいたので、岡山を何度も見た。プールで浮いていて、後ろから泳いできた彼に巻き込まれて溺れそうになったこともある。馬場よりも横幅の大きい巨人だった。病気は完治しているようで、60歳になる今も健在だ。

他にも、のちに馬場正平の親友となるプロレスラーのアンドレ・ザ・ジャイアント（２２３センチ）、格闘家のチェ・ホンマン（２１８センチ）、バスケットボールの穆鉄柱《ぼくてっちゅう》（２２８センチ）なども巨人症であることをカミングアウトしている。

大人の背丈を追い越す

再び馬場正平の少年期。

馬場正平の背が急に伸びだしたのは、小学校４年頃だと言われる。ただその時期ははっきりしない。

地元の「三条新聞」編集長の山崎節子《やまざきせつこ》は馬場の同級生だったが、小学校の記念誌に「前の席にトラじまのセーターの大きな男の子がいました。現在のジャイアント馬場です」と書いている。

次姉の武田アイ子は、大きくなる前の馬場正平が「新通川《しんどおりがわ》で魚をとったり、裏庭のくるみの木に縄で作ったジャングルジムで遊んでいた姿が思い出されます」と述べている。5年生から背が伸びたという。

幼馴染だった別の女性は、子どもの頃、馬場に手を引かれて小学校に通ったが、3年生の時には大きかったと語った。

讀賣巨人軍に入団後、馬場はインタビューに答えて、小学校5年の時には五尺（1メートル52センチ）で背の高いほうから3番目、中学ころから1年に二寸五分（7・6センチ）伸びて2年生の時は五尺八寸（176センチ）、十六貫（60キロ）で、いちばん大きくなった、と述懐している。これもたしかな話なのかどうかは、わからない。

同級生のひとりは「6年の時には、先生と背丈が同じになっちゃった」と語った。

「脳下垂体性巨人症」という病気は、発病の時期がはっきりしない。病気の進行がゆっくりで、目に見える異常が出るまでに時間がかかる。

おそらくは小学校低学年で発病していたと思われるが、周囲が異常に気がついたのは少し後になってからだった。

本人にも、汗かきになった、頭痛、指が太くなった、いびきをかくようになった、視界が狭くなった、など自覚症状もあったと思われる。しかし小学校低学年の子どもが、その異常を親や周囲に訴えることはほとんどなかっただろう。

巨人症の知識がない家族も、男の子の背が伸びるのは喜ばしいと単純に思ったはずだ。また異常に気がついたとしても、それを止めるすべもなかった。

かくて、馬場正平は10代前半にはとびぬけて目立つ子どもになっていた。

3章 幸せな日々

頭ひとつ抜けた小学生

馬場正平が通った三条市立四日町小学校は、１９０２（明治35）年に本成寺村立四日町尋常小学校として開校した。２０１３（平成25）年、条南小学校、南小学校と統合して新生「嵐南《らんなん》小学校」となり、これも馬場正平の母校である第一中学校との小中一体校となった。小学校、中学校ともに、２００４年7月に発生した大水害で大きな被害を受け、当時の資料はほとんど残っていない。

馬場正平の生家からは、東へ歩いて10分。

低学年の頃は、馬場は次姉のアイ子と一緒に通学したが、やがて正平が近所の子どもの手を引いて学校に通うようになる。

家を出て右に曲がり、水路に沿って歩く。

「あのころは、子どもがいっぱいいいた」と住人は話す。周囲の住宅からはたくさんの子どもが飛び出してきて、正平たちに声をかけながら学校へ駆け出して行ったことだろう。学校は国鉄（現ＪＲ）三条駅に近い繁華な場所にある。駅の向こうからくる子どもも加わって、朝の校門は賑やかだったはずだ。

おそらく馬場の異状に最初に気がついたのは、こうした子どもたちだったはずだ。どこの学校でも週に一度、全校集会がある。講堂やグランドに全校生徒が整列する。馬場正平がいた当時、１クラスには54人もいた。全校生徒数は２千人を超えていただろう。

ある時期から馬場は、たくさんいる子どもたちの中で頭ひとつ抜けるようになった。「それがいやで、背中を丸め、頭を下げるようにしていた」という証言もある。

しかし、その巨体は隠しおおせるものではなかった。

前述したように、男の子の巨人症が見落とされがちになるのは、一般的に背が伸びて、大きくなることは、男子にとって良いことだとされるからだ。

親は「ずいぶん大きくなったなあ」と喜ばしい思いで息子を見る。馬場の両親は小さかっただけに、その思いはことさら強かったかもしれない。

しかし、体の大きさはともかく、あごや眼窩上《がんかじょう》のひさしがのび、顔が長くなるなど、容貌の変化には馬場正平本人も、家族もそろそろ気がついていたに違いない。

子どもへの愛情が深い母のミツは医者に診せたかもしれない。しかし、当時の地方の医者では見当はつかなかっただろう。

リヤカーを引く10歳

急速に背が伸びた小学5年の頃から、正平は家業を手伝ってリヤカーで野菜の運搬や配達をするようになる。

前述のようにこの地域は「市」が盛んだった。名産の工芸品や雑貨から食品、野菜まで。多くの品物を商う人々が店を出した。

今も露天市はこの地方の名物であり、観光資源になっている。

馬場の住む三条市には2と7のつく日に露天市が立った。これを「六斎市《ろくさいいち》」といった。毎月6回催されるこの市に、正平はリヤカーに野菜を満載して引いていった。

三条市の露天市はJR北三条駅前の中央市場、同じく北三条駅が最寄りの八幡小路市場、本成寺に近い島田・由利《ゆり》市場などで開かれていた。

今は馬場の家から東へ2、3分の四日町市場でも開かれているが、当時はなかった（四日町市場だけは5、10のつく日の開催）。

三条市内の市は、いずれも歩いて30分程度の距離だ。近くの市には父の一雄も手伝いについてくることがあったという。

また4と9のつく日は、燕市の分水《ぶんすい》駅前で開かれた地蔵堂の露天市に行った。直線距離で10キロほど。遠くへ出店するときはリヤカーを自転車の後ろに括りつけて走ったという。それでも片道30分はかかっただろう。

4と9のつく日には、三条から東北に10キロの加茂の露天市にも出た。これも「六斎市」と言った。出店する市は、年によって変わることもあったようだ。

さらに、5、10のつく日には、南に20キロ離れた長岡市の「五・十の市」にも出店した。長岡市までは国道8号線の一本道。今は交通量が多いが、終戦直後はそれほどでもなかっただろう。

重い荷を引いての自転車である。長岡へは、力持ちの馬場でも片道1時間半はかかったのではないか。

三条市四日町から加茂を除く3つの市場まで、それぞれ自転車でたどってみた。どれも平坦な道で走りやすかったが、長岡への道はさすがに長かった。

この道を馬場正平は、夜も明けないうちから荷を満載した自転車をこいで走ったのだ。

雪はそれほど深くはない三条だが、ひと冬に1、2度、大雪になることがあった。雪が積もって家の一階の戸が開けられないときは、二階から荷出しをしたという。

また路面が凍結した時はリヤカーにそりをつけて走らせたという。

近所にもいくつも露天市が立っているのに、わざわざ遠い長岡まで店を出しに行ったのはなぜなのか？

それは「売れたから」だ。馬場が手伝いをはじめた１９４８（昭和23）年、日本はようやく本格的な復興期を迎えた。復員兵も次々に故郷に帰り、経済は急激に上向きに転じた。どんな商品でも「出せば売れる」時代になったのだ。

新潟に次ぐ経済規模の長岡は、前述のように１９４５（昭和20）年８月１日の大空襲によって焼け野原になっていた。

長岡市では１９５０年に「復興祭」を挙行したが、焼け野原の状態は長く続いた。商店の数は少ない。復員者は増える。生活物資が決定的に不足していた。

骨を折って出店すると野菜や雑貨は瞬く間に売れた。馬場正平が市場に行くときはリヤカーに重たい荷を括りつけていただろうが、母や姉が帰るときにはたいてい空荷を引いて戻ったはずである。

朝、暗いうちに家を出て、店出しをする。販売は母や姉に任せて自転車をこいで大急ぎで家に戻ってくると、馬場正平はそこから登校した。

「当時でも小学生がこれほど家を手伝うことは珍しかったようで『馬場んとこの正平は働

き者の孝行息子だ』と言われたものです」と正平は述懐しているが、まさにそうだろう。

「いやでいやで仕方がなかった」そうだが、馬場正平はこの手伝いを讀賣巨人軍に入るまで、7年間続けた。月に20日前後。このほかに、商品の仕入れを行ったり、配達をしたり、店の主力として働いた。

学校は1日も休まなかったという。

馬場正平を「アスリートタイプの巨人」に変貌させた肉体的な基礎は、このリヤカー引きで築かれたと思われる。

きかん気でやんちゃ

馬場の生家の二軒隣りに住む佐藤健一は1940（昭和15）年生まれ。馬場正平の2学年下。幼馴染であり、彼も正平に手を引かれて小学校へ通ったひとりだ。

彼に少年時代の馬場正平について話を聞いた。

佐藤健一は、75歳になる今も、大工の棟梁として現場に立っている。馬場家の店「梅田屋」の改築も彼が手掛けた。

佐藤は、馬場の生涯を通じて親交があった。

佐藤健一は、馬場の幼馴染として、何度もテレビに出演している。東京のテレビ局に呼ばれて行って、ダウンタウンの前で話をしたこともある。

「酒がないとしゃべれねえ、というと本当に酒をだしやがるんだ。放送が終わるころには酔っぱらって」と陽気に語る。

三条でプロレスの興行があるときは、リングサイドの席を買って、家族や従業員とそろってみた。

そのあとは、馬場正平は佐藤の家に上がり込んだ。

「馬場が『いちばん前で見てたな』って馬言うから、何言ってるんだ、お前のために券買ったんじゃねえかって」

馬場正平にとって佐藤健一は終生気の置けない友だちだったのだろう。

馬場正平が死んだときは、訃報《ふほう》を聞くよりも早く、報道陣が佐藤の家に押しかけたという。

佐藤健一の語る馬場正平とのエピソードはまさに抱腹絶倒だ。

小学校5、6年の頃の年の暮、正平は母ミツから「角天《かくてん》」を仕入れてくるように言われた。角天とは、寒天のこと。赤や緑の色をつけたり、豆腐などの具を入れたりして固めた食べ物。この地域の正月には欠かせない食べ物だ。今もスーパーなどで普通に売っている。

「馬場が俺に、『三条食品に角天取りに行くからついてこい』って言うんだ。馬場がリヤカーを引いて、俺が後から押してついていった。

仕入れた荷を引いて帰ったんだが、途中で馬場が経木を開けて角天をつまみ食いするんだ。角天は豆腐と醤油の入ったのがいちばんうまいんだ。俺にもくれる。道々ずーっと食べてたら、家に着くときにはなくなっちまって。

馬場は母ちゃんに『何のためにいっただー！』って怒られるし、俺も『せっかくついて行ってもくその役にも立たねえ』って怒鳴られるし」

師走の街を、口をもぐもぐさせながら歩くふたりの姿が目に浮かんでくる。

馬場と佐藤はそういうやんちゃをするときには、いつも一緒だった。店から食べ物を取ってくるときは、必ず佐藤の分ももってきた。

夏、エアコンがなかった当時、夕食を済ませると少年たちは戸外に出て、家の前の水路にかかる小さな橋のたもとにたむろした。

夜9時ごろになると、誰かが「百姓は朝が早いからもう寝たっけ、桃とりに行こう」と言い出した。近所の桃畑に盗みに行くと言うのだ。

馬場正平もついていった。背の高い正平は、桃を取るときにさぞや役に立ったことだろう。

少年たちは、盗んだ桃にかぶりつきながら家に帰った。

それが度重なったために、ある日、桃農家のおやじが少年たちが来るのを待ち伏せしていた。

「こらー！って言われたんで、俺は足が速いから真っ先に逃げたんだが、馬場は動きがのろいから捕まった。

『お前、梅田屋の倅《せがれ》じゃねえか。お前んとこに俺の桃卸してるのに、なんで盗みにくんだ！』ってえらい叱られた」

馬場正平の自伝には、列車を止めて大騒ぎになったというエピソードも書かれている。

東三条駅の西側に弥彦線と信越線の合流点がある。馬場たち少年は、線路に上がって列車が近づくまで寝ているという遊びをしていて、列車を止めてしまった。

慌てて家に逃げて帰ったら警察から呼び出しを食らった。大目玉だと思っていったら、電車の置き石を知らせてくれたと、褒められたという。その置き石も、馬場たちの後ろにいた友人の仕業だった。

佐藤健一は居合わせなかったが、「たぶん、吉野屋（三条市南部）のほうの山へ行って、栗を取りに行った帰りだろう、馬場はでかいから、すぐに誰だかわかるから、ばれちまったんだ。親が警察へ引っ張られてえらい騒ぎだった」と言った。

馬場正平たちがいたずらをした東三条駅近くの踏切

冬、走るトラックの後ろにつかまって凍った路面に下駄の歯を立ててスケートのように滑って遊ぶこともあった。あるときは、そのまま川に落ちてしまったという。

そのやんちゃぶりは相当なものだった。しかし佐藤は「馬場は（友だちを）いじめたりはしなかった」と言った。

当時から絵を描くのが好きで、絵の具を使って風景をよく描いていたという。

馬場は巨人に入ってからも帰省のたびに佐藤の家に寄り、千葉茂などのサインをくれた。

「今は、みんなどっかへ行っちまってないんだけども」

佐藤は少し寂しそうに言った。

幸せな少年時代

こうした子どもらしいエピソードからもわかるのは、巨大化し、周囲から浮いた存在になってもおかしくない馬場正平が、コミュニティの一員として違和感なく溶け込んでいたということである。

当時を知る人に話を聞いても、馬場が誰かに心無い言葉を投げつけられていた、という話はまったく出てこない。馬場正平自身が屈託なく子どもたちと交わっていたということだろうが、同時に三条市の人々も、並外れた姿になった馬場正平をそのまま受け入れたのだろう。

佐藤は「馬場はいつの間にか大きくなったから、気がつかなかった」と言った。

気さくで、親しみやすい商人の町という土地柄が、馬場正平を温かく包み込んでいた、という印象だ。小さいころから家の手伝いをする感心な子ども、という評判も立っていただろう。

自伝には、小学5、6年生の担任だった女性教諭の田中先生との「甘酸っぱい思い出」が記されている。

田中先生は負けず嫌いで校内対抗のドッジボール大会では、たとえ上級生のチームでも負けると非常に悔しがった。だから正平たちは必死に頑張ったという。

あるとき、馬場正平は田中先生から叱られて、廊下に立たされた。田中先生はそのことを忘れて帰宅してしまった。夜になって用務員が、馬場がまだ立っているのを発見し、帰宅するように言ったが、馬場は聞き入れない。そこで田中先生に連絡をした。

驚いて駆けつけた田中先生は、「本当に立っていたのね、もういいわよ、さっ、いっしょに帰りましょ」と言ってくれたという。

この先生は実際には山田先生と言った。馬場の家から数分の近所に住んでいた（今も家がある)。

卒業後も馬場正平と山田先生は交流があった。

佐藤健一は、

「馬場は山田先生のことが好きだったし、山田先生も馬場のことが好きだったんだなあ」

と言った。

山田先生は結核のために、馬場が6年生の時に学校を辞めた。その後、近所の子どもに書道を教えるなどしたが、馬場が帰ってくると旧交を温めた。今は山田先生も故人だが、その交流は終生続いた。

馬場正平の少年時代は、幸せだったといってよいのではないか。

スポーツは何でも好き

東京労災病院院長の寺本明が言うように、巨人症を発症すると多くの子どもは、引きこもりのようになる。また、うつ病を発症することもある。

しかし馬場は積極的に社会にかかわった。

特にスポーツに対する熱意、積極性には目を見張る。彼は、やはり生まれついてのアスリートだったのだろう。

前述のとおり、小学生ではドッジボールに夢中になった。5年生で学校一になった。

また卓球にも夢中になった。

小学校の同級生だった女性は、馬場正平が、自宅の2階を自分たちで改造して、卓球台を自作し、子どもたちを集めて卓球をしたことを覚えている。父の馬場一雄も手伝ったのではないか。

プロレスに入ってからも、馬場は卓球が好きで、レスラー仲間や記者とよく手合わせをしたが、ほとんど負けなかった。動きが鈍いように見えて、反応は素早かった。

さらに相撲も強かった。家の近くにあった日吉神社では、祭りのたびに相撲大会が催された、馬場は「小学校の部」で出場したが、あまりにも強かったために、出場を断られるようになったという。

しかし、馬場正平がいちばん好きなスポーツは野球だった。

三条市は野球熱が非常に高い土地柄だ。

三条野球連盟という組織がある。1946（昭和21）年に結成され、企業のリーグ戦やトーナメント戦を行った。

また馬場の時代より後になるが、市内にある3つの高校（三条高校、三条商業、三条工業）によるリーグ戦を三条野球連盟が主催して行った。

早起き野球チームも連盟の傘下にあり、大会を行っている。連盟傘下の審判は、審判員の技術向上と親睦を目的に「三条巨人軍」を結成している。

2006（平成18）年には、60周年を記念して立派な記念誌も刊行した。アマチュア野球クラブがこんな豪華な冊子を刊行したのは見たことがない。

馬場の少年時代も市内のあちこちで、野球が行われていた。大人も子どもも野球に夢中になっていた。

馬場もそれに影響を受けたのだろう。

当時の子どもはみんなそうだったように、馬場正平も「三角ベース」からはじめた。

「日吉神社で、やわいボールを使ってやってたんだ」

佐藤健一は話す。布で作った手作りのボールを木切れで打ったという。その当時、日本のどこでも見ることのできた風景だっただろう。

1949（昭和24）年、馬場正平は市内にできた少年野球チーム「若鮎《わかあゆ》クラブ」に入団する。エースだったという。

また、この年に馬場は「少年ジャイアンツの会」に入会。これは現在のプロ野球ファンクラブの原型のひとつだ。

馬場正平たちが三角ベースをして遊んだ日吉神社

その全国大会のために、休みを利用して列車で東京へ行ったこともあるという。

これは、讀賣巨人軍が1949（昭和24）年9月25日、東京都港区の芝スポーツセンターで開いた、読売新聞社主催「プロ野球ファンの集い」のことだと思われる。芝スポーツセンターの開館記念のイベントだった。ここで、2代目「巨人軍の歌」（現在の歌とは異なる）が発表された。

このときに馬場正平は名選手の青田昇《あおたのぼる》とトイレで顔を合わせて感動している。

後述するが、馬場の家は、母と姉が休む間もなく働いていたが、決して貧しくはなかったと思う。当時、小学生にグラブなど野球用具を買い与え、東京まで行かせてやることができる家は、少なかったと思う。

また新潟市の白山球場で行われた巨人戦も観戦したという。

この年、巨人が新潟でやった試合は1試合しかない。5月19日の中日戦だ。この日は木曜日。この球場は照明施設がないので、デーゲームだったはずだが、学校を休んだのだろうか。

母ミツから小遣いをもらい、友だちと電車に乗って観に行ったという。

この日の巨人の先発は小松原博喜《こまつばらひろき》、一番セカンド千葉茂、二番ショート白石敏男《しらいしとしお》、三番、センター青田昇、四番ファースト川上哲治。馬場正平たち少年が、雑誌やメンコで見て夢中になった大選手たちがそろい踏みした。
試合は4対7で巨人が負けた。
小学校を卒業するころには、馬場は野球に夢中になっていた。

中学進学、背丈は大人を越す

1950（昭和25）年、馬場正平は、三条市立第一中学校に進学した。馬場の家からは北西に約1キロ。小学校時代より、やや遠くなったが、朝早くからリヤカーを引いていた正平にとっては大した距離ではなかった。

同級生もほぼすべてがこの中学校に進学した。

この学校は1947（昭和22）年に開校。戦前に造られた本格的な総合競技場だった「島田グランド」の跡地に、高田（現上越市）の連隊の兵舎を移設して造られた。

馬場が進学した時には3年目の新しい中学だった。

開校当初は兵舎を改装した小さな校舎ひとつだけだったが、馬場が3年生の時に増築された。全校生徒は2000人を超えるマンモス校だった。

馬場正平は、このころには185センチを超え、周囲の大人よりも大きくなっていた。

脳下垂体性の巨人症の特徴として、身長とともに手足の先端が伸びる。この時期には、町の靴屋で正平の足に合うサイズの靴はなくなっていた。

当時の人々はあまり靴を履かず、下駄（足駄）や草鞋《わらじ》などを履いていた。小学生時代の正平は下駄か裸足。自転車をこぐときは裸足が多かったという。

下駄であれば、板さえ手に入れば作ることができる。

母ミツが「京都で見た弁慶の下駄より大きい」と言った巨大な下駄をはいて学校に通った。手先の器用な父・一雄が、下駄を作ったり、鼻緒をすげ替えたりすることもあったかもしれない。

卓球と野球で中越大会優勝

馬場のスポーツ好きは中学に進んでさらに拍車がかかった。

野球部に入って中心選手になる。小学生の時は投手だったが、中学校では一塁手。2、3年生では投手もやったようだが、佐藤健一は、馬場は中学では主に一塁手だったと記憶している。

この中学は、総合グランドの跡地にできたが、グランドそのものは、水はけが悪く、雨が降るとぬかるみのようになった。地名から「島田湖」と揶揄《やゆ》された。生徒たちは授業やクラブの前には雑巾で水を吸い取って絞るなど、グランドの整備に時間を取られた。

馬場正平を擁する三条市立第一中学校は、中越地区の野球大会で優勝する。

この大会について、新潟県中学体育連盟に問い合わせたが、記録は残っていなかった。中越地区とは、長岡市、三条市、柏崎市などからなる広いエリアであり、人口も多く、野球大会にも多くの中学校が参加したと思われる。

この大会で優勝したことが、馬場正平に野球に対する自信をつけさせたのではないか。

この時に馬場正平とバッテリーを組んだ藤橋は、後年三条市内で食堂を営む傍ら、馬場正平が社長を務める全日本プロレスの社員として、新潟県のプロレス興行のマネジメントをした。すでに故人だが、藤橋食堂はジャイアント馬場を崇拝する人の聖地のようになっていた。

冬季、野球ができなくなると馬場正平は卓球に夢中になった。

中学校には卓球部はなかったが、自分たちでグループを組んで練習をし、学校に無断で卓球の中越大会に出場し、優勝してしまったという。

この記録も見ることができなかった。

先生は学校をさぼって卓球をしていたことを叱ったが、優勝したというと反対に褒められたという。

またバスケットボールにも夢中になり、センターとして活躍した。

しかし中学に入ると相撲はしなくなった。強すぎて参加を断られたこともあるが、そろそろ周囲の大人による大相撲への勧誘もはじまっていたのだ。馬場正平はそれを嫌っていたのだろう。

少しずつたまる屈託

中学になっても、馬場正平は元気に学校生活を送っていたが、内面には少しずつ屈託《くったく》がたまっていたようだ。

自伝には、先生に殴られたことが記されている。

「自分としては、悪いことをしたような記憶はないんです。だから悔しかったですね。今でもその先生の顔は会えばわかると思いますが、挨拶をする気はありません」

これを裏付けることはできなかったが、三条市立第一中学校の周年記念誌を見ると、「ジャイアント馬場を説教して泣かせた」という武勇伝めかした職員の記述が出てくる。

中越野球大会で優勝したときの集合写真には、当然、主力選手だった馬場も写っている。

馬場が在籍した三条市立第一中学校の野球部は中越地区の野球大会で優勝。前列右からふたり目が馬場。（新潟県高校野球史」より）

しかし、馬場は前列に座った選手と選手の間から少し顔を出しているに過ぎない。自分の巨大な体を隠したいと思っているかのように、体を縮め、目立たないようにしている。

思春期に至って、自分のこと、周囲のことが少しずつ見えてくるとともに、馬場正平は悩みを抱くようになった。

そのことが、周囲との軋轢を少しずつ生むようになったのではないか。

地域は気さくで温かい土地柄ではあったが、心無い言葉を投げかける人も皆無ではなかっただろう。

しかも、馬場の身長はその間も伸び続けたのだ。毎年着るもののサイズが変わる。原因はわからない。母や姉は毎日忙しく働いている。誰にも相談ができない。

馬場正平自身は、依然として愚痴《ぐち》を言うこともなく寡黙《かもく》で、周囲には優しかったが、内心は不安と鬱屈が少しずつ大きくなっていったに違いない。

4章

祈り、モルモン教との出会い

電車の連結部分に立つ巨大な少年

末日聖徒《まつじつせいと》イエス・キリスト教会は、1830年、アメリカのニューヨーク州でジョセフ・スミス・ジュニアによってはじめられた、キリスト教系の新宗教である。

俗にこの宗派を「モルモン教」と呼ぶのは、古代アメリカ大陸に住んでいたとされる預言者モルモンが、歴代の預言者が金板に刻んだ記録を編纂《へんさん》した『モルモン書』を聖書と並ぶ重要な経典と位置づけているからだ。

モルモン教に改宗した若者のうち、希望する者は、男性は2年間、女性は1年半、自費で世界各国に宣教師として赴任する。

ふたり連れの外国人が自転車で布教活動をするのは、日本各地で現在もよくみられる。

日本では、1901（明治34）年に4人の宣教師が来日し、モルモン教の布教が開始されたが、日米開戦に伴って日本で布教をしていた宣教師は全員帰国。終戦後の1948（昭和23）年頃から再び布教活動がはじまった。

ハワイ生まれの日系二世、デビッド池上は、新潟県に赴任した。1953年、まだモルモン教の布教が再開したばかりの頃だ。

三条市に住んだデビッド池上は、他の地方で布教活動を行うために、鉄道をよく利用した。三条駅から東三条駅を経由すれば新潟や長岡に行くことができる。

その電車に、座席に座らないで、いつも連結部に立っている少年がいた。中学校の制服を着ていたが、背丈は見上げるように高い。

客席が混んでいても、空いていても、その少年は連結部から動かない。寒い日など、客車と連結部では気温がずいぶん違うはずだが、少年は連結部に足を踏ん張って立っていた。

興味を持ったデビッド池上は、その少年に尋ねた。

「なんで連結器に乗っているんだ？　寒いだろうに、なぜ車内に来ないんだ？」

その少年は、くぐもった声で言った。

「自分は体が大きいので、車内にいるとみなさんの邪魔になるから、いつもここにいるんです」

19歳だったデビッド池上は、4歳年下の少年の謙虚な姿勢に感銘を受けて、少年にモルモン教の教会に来るように勧めた。

こうして馬場正平は、モルモン教と出会った。

この話は今に残る写真の日付などを勘案すると1952（昭和27）年の暮れか、翌年早春のことだと思われる。自伝で馬場は、中学3年の12月にモルモン教に改宗したと書いているが、実際には1年後のことだ。

馬場正平のモルモン教改宗には、もうひとつの話がある。

自伝によると、町はずれにモルモン教の宣教師が住む家があり、馬場の家の近所にその宣教師のお世話をする前田きよという女性が住んでいた。野菜の配達などを通じて馬場の母ミツとその女性が親しくなって、話をするうちにモルモン教への改宗の話が持ち上がったのだという。

前田きよは女手ひとつでふたりの娘を育てながら、外国人のモルモン教宣教師のメイドとして働いていた。

きよは、正平の母ミツから、息子が最近悩んでおり、何か救いの手がないかと相談され、モルモン教を紹介したのだという。

この話は前田きよの次女の豊実《とよみ》とその夫の前田祐一《ゆういち》から聞いた。ふたりは今も三条市在住のモルモン教徒である。豊実は1939（昭和14）年生まれ。馬場とは2学年下、幼馴染で小さい頃に馬場に手を引かれて小学校に通ったひとりだ。上に1931（昭和6）年生まれの姉、照実《てるみ》がいる。照実は、三条時代から巨人軍入団以降も馬場正平に大きな影響

前列左から4人目がデビッド池上、右端が前田
きよ、最後列左で手を挙げているのが馬場正平。

を与えたひとりだ。

豊実の夫の祐一は１９３３（昭和8年）生まれ。旧姓熊倉。１９５０（昭和25）年に改宗。モルモン教徒として集会に通ううち、豊実と知り合い、結婚した。祐一も馬場正平とは信徒仲間として親しく交流していた。

デビット池上の話とこの話は、矛盾はしない。

おそらくはデビッド池上との出会いの後、モルモン教に興味を抱いた正平は、母ミツに相談したのだろう。何事にも慎重な馬場正平ならば、そういう手続きを踏んでモルモン教に近づいたのではないか。

デビッド池上はハワイで健在だ。このエピソードは、デビッド池上が口を開いてはじめて明らかになった。馬場自身は黙《もだ》していたのだと思う。

前田豊実は、デビッド池上が熱心に合唱の指導をしたのを覚えている。音楽の素養もあったのだ。また豊実が山形県の信徒の集まりで、大勢の前でスピーチをすることになったときも、熱心に指導をしてくれた。

「デビッド池上長老（モルモン教では年齢にかかわらず宣教師のことを「長老」という）は、本当に熱心な人でした」と豊実は述懐する。

新しい交流がはじまる

馬場正平はモルモン教の集会に通うようになった。

当時の三条には専用の教会はなかった。信者の家の一間を借りて仲間が集い、宣教師の話を聞く。宣教師は元校長を務めた人物（故人）の自宅の2階を間借りしていた。その部屋が集会場所になっていた。

母ミツや姉のヨシは店を切り盛りして忙しく働いている。正平自身も手伝ったが、家族らしい団欒《だんらん》の時はあまり持てなかっただろう。

正平の姪の幸子も「母（ヨシ）や祖母（ミツ）は、朝から晩まで働いていて、ほっとする間もなかった」と語っている。

モルモン教の集会は、馬場にとっては第2の家族のようなものになったのではないかと思われる。

こうした交流を続けた後に、馬場正平はバプテスマを受ける決心をした。

冬の五十嵐川で「新たな生」を受ける

バプテスマは、一般には「洗礼」と訳される。

イエス・キリストがヨルダン川で洗礼者ヨハネから洗礼を受けた故事に倣《なら》っている。洗礼を受けることで、キリストの贖罪《しょくざい》によってこれまでの罪が洗い清められ、キリスト教徒として生まれ変わるとされる。

現在のキリスト教各宗派では、バプテスマは簡略化される場合が多い。灌水礼《かんすいれい》（頭に水をそそぐ）、滴礼《てきれい》（手を水に浸し、頭を押し付けて水に沈める）などが一般的だ。

しかしモルモン教では原初のキリストの洗礼のとおり、全身を水に浸す「浸礼」を行っている。

現在のモルモン教の教会には、「バプテスフォント」という浴室のような部屋があり、信徒は望めばいつでもバプテスマを受けることができる。しかし昭和中期の日本でバプテスマを執り行うのは大変だった。

「都会では、営業前の銭湯をお借りしてバプテスマをしたりしました。しかし三条市にはそうした適当な施設がなかったので、五十嵐川でバプテスマを行ったのです」

末日聖徒イエス・キリスト教会アジア北広報部長の関口治《せきぐちおさむ》は話す。デビッド池上の逸話など、モルモン教に関する話は主として関口の取材に依《よ》った。

馬場正平のバプテスマは1953（昭和28）年12月26日に行われた。クリスマスの翌日。翌27日にはバプテスマの一連の儀式である「聖霊の賜物《たまもの》を授けるための按手《あんしゅ》の儀式」も行われた。この日が選ばれたのは、土曜、日曜だったからだろう。しかし冬季にこの儀式を執り行うのは、異例のことだった。

2年後に五十嵐川でバプテスマを受けた前田豊実の写真を見せてもらった。

周囲を信者が取り囲み、バプテマスを受けるのを確認する。人々が見守る中で、入信者は腰を落として、頭のてっぺんまでゆったりと水に沈められるのだ。

すでに雪が積もっていたはずである。水量の多い五十嵐川に、罪から洗い清められることを象徴する白いワイシャツとズボンを着た巨大な少年が入り、ゆっくりと全身を水に浸していく。それを大人や仲間の少年少女が見守っている。

そこには侵《おか》しがたい空気が漂っていたと思われる。「巨人」という宿命を負い、苦難の多い人生を歩むであろう少年が、一筋の救いを求めて川に巨体を浸していく。この光景を見た立ち合いの人々は、一般の信徒のバプテスマ以上に、「生まれ変わり」を強く意識したかもしれない。

幼馴染の前田豊実は、

「正ちゃん（正平のあだ名）が水にもぐす（新潟の方言で「もぐる」の意）のをみんなで見ました。私たちにとってはふつうのことでした」

と言った。

馬場正平が五十嵐川に身を沈めて儀式を行ったことは、三条の町の多くの人たちが知っていた。

幼馴染の佐藤健一は、モルモン教徒とは縁がなかったが、「あれだろ、馬場が五十嵐川に浸かったって話だろ、聞いたよ」と言った。

町の人々は日ごろ明るくふるまっている巨大な青年の屈託を、バプテスマの一事ではじめて悟ったかもしれない。そして、しんと静まり返るような感慨を持ったのではないか。

真剣に教養を学ぶ

馬場正平は、形式的にモルモン教徒になったのではない。教養を真剣に学び、深めていった。

関口治は言う。

「教会の本部には、信徒の改宗日などの情報がデータベース化されています。それによると、馬場正平は１９５３（昭和28）年12月26日にデビット池上によってバプテスマを受けて、翌１９５４年11月14日に『アロン神権《しんけん》の執事の職に召される』という記録が残っています。教会では、毎週日曜に教会にきて、キリストが十字架にかかったことを思い起こしてパンと水をいただき、バプテスマの時の誓いを新たにし、悔い改めてより良い人間になると誓う儀式があります。『アロン神権の執事の職』は、その儀式に携わる権限がある役職です。現在はバプテスマを受けてあまり時間をおかずに『アロン神権の執事の職に召される』のが一般的になっていますが、当時は1年間真剣に勉強してふさわしさを証明できないと与えられませんでした。馬場正平はバプテスマを受けてから1年間、一生懸命に教義を勉強したのだと思います」

馬場正平は、モルモン経《けい》（現在はモルモン書）をはじめとする書物を熟読し、理解を深めていった。何事にも熱心で、のめり込む質の馬場正平の人柄が見て取れる。宣教師（長老）や周囲の先輩信徒たちも馬場を教え導いたことだろう。

馬場正平は讀賣巨人軍入団が決まる大事な時期にモルモン教を学んでいたのだ。

体が大きいことを忘れてしまう

戦後、モルモン教の布教は、東京の中野、札幌、横浜、大阪など主として都市部ではじまったが、新潟県三条市はなぜかその当時からモルモン教徒が多かった。

前田きよが間借りしていた部屋は、三条の若いモルモン教徒の寄り合い場所のようになる。

馬場はここに足しげく通うようになる。前田祐一、豊実夫妻の家には宣教師や信徒との記念撮影が数多く残されている。

写真に写る馬場正平は、中学校時代の野球部の写真と同様、体を丸め、顔の高さを他の人と同じになるようにしている。体が大きいことはやはりコンプレックスだったのだ。

しかし馬場は他の信者と打ち解け、家族同様の親しい間柄になった。

前田祐一は、「正ちゃんとあんまり長いこと一緒にいたので、正ちゃんの体が大きいことを忘れてしまうこともよくありました」と話している。

詩人、作家の三木卓《みきたく》は4歳の時に小児まひにかかり、体に軽い障害があった。彼は「身障者にとっていちばんの願いは、できるなら自分が不具であることを、相手が心の底から

宣教師、信徒仲間との記念写真。左上が馬場。

忘れてくれることである。ごくふつうの人間として扱ってくれることである」と書いている（著書『庭からきた声』より）。

巨人症の人は、一目見たら忘れられないインパクトを他人に与える。「ごくふつうの人間として扱ってほしい」と願っても、それはほとんど不可能だ。しかしモルモン教の信者仲間との間には、馬場が深刻なハンデキャップを忘れるような時間があったのだと思う。

「信者の人が集まると、うちの母はよく焼きそばを作って出しました。そんなときも正ちゃんは、一人前しか食べない。もっと食べたいだろうに、と思いましたが、我慢していたんでしょうね」と前田豊実は言う。

前田祐一は馬場正平よりも5歳上。兄貴分としていろいろなことを教えた。

「読書の楽しさを教えたのは僕だと思います。とにかくドストエフスキーを読めと言った。正ちゃんは『そんな面倒くさいものはいやだ、もっと軽いものがいい』と言いましたが、本に興味を持つようになったのは、この時からでしょう」

夜の集まりのときは、馬場正平は、階下の水道でやかんに一杯水を汲《く》んで手元に置き、ほとんどひとりで空にした。おそらくは巨人症の合併症である糖尿病を発症していたのだろう。この間も身長は伸び続けた。

前田きよ、娘の豊実、姉の照実、のちに豊実の夫になる祐一、その他のモルモン教徒に囲まれて、馬場正平は多感な中学、高校時代を過ごした。

巨大な靴の恩

三条のモルモン教会には、宣教師は日系のデビッド池上の他に、アメリカ人のパリッシュなど外国人が何人かいた。宣教師はよく入れ替わった。

「なかでもパリッシュ長老は、大きい人でした。正ちゃんと背丈は変わらないくらい」

1983（昭和58）年、テレビ東京で放映された「素敵なこの人」（藤純子が司会）では、前田家の母娘とジャイアント馬場がテレビ局で久々の再会を果たした。このときにパリッシュはアメリカに健在で、当時の馬場の思い出を話した。

中学生から高校生になる時期、馬場の身長は190センチに達した。足は13文（31・2センチ）になり、馬場の足に合う履物はもう市内にはなかった。

修学旅行に行くことになって、履いていく靴がなく困ったミツに、パリッシュ長老は自分の靴をプレゼントした。馬場の自伝によると、それは靴を履いたまま履く、ゴム製のオーバーシューズだったようだが、馬場の巨大な脚は、そのオーバーシューズにぴったりおさまった。

またデビッド池上も、いつも足駄や草履の馬場を気の毒に思ってアメリカから大きな靴を取り寄せたこともあったという。

パリッシュ長老は、馬場が洗礼を受ける前に任期が満了になって、アメリカに帰っていった。

洗礼時にいた外国人の宣教師はランドバーグたちだ。馬場の自伝で「ラングバード」と書かれているのがこの人物だと思われる。ランドバーグ長老も長身だった。

こういう形でモルモン教の人たちは物心両面で馬場正平を支援した。

馬場正平はこの時期、何度か東京に行っている。

モルモン教徒は生まれつきの信者は少ない。多くは青少年期に改宗している。家族のようなつながりが少ないために、全国で2泊3日程度の「若い信徒の集まり（MIA）」が催された。

馬場正平は東京のこの集まりに参加した。ずば抜けた長身だったために、当時の参加者には強烈な印象を残した。何人かの人は正平と一緒に写った写真を今も持っている。

しかしそうした集いでは、馬場はほとんど口を利かなかった。信者同士で仲良くなることもなかった。

馬場は熱心なモルモン教徒だったが、モルモン教の信者というだけで打ち解けることは

1983年、テレビ東京の番組「素敵なこの人」で
再会した馬場正平と前田家の人々。前列左から、
司会の藤純子、馬場、前田きよ、後列左から姉
の前田照実、妹の豊実。

なかった。やはり彼を理解する周囲の人々が必要だったのだ。

ゆるやかに信仰から離れる

モルモン教では、酒、煙草、コーヒーなどの刺激物は禁じられる。馬場はこうした戒律を巨人軍に入ってからも守った。それを破ったのは入団5年目のことだ。

それまでは、プロ野球選手になってからもモルモン教の信徒という自覚があったようだ。

後述するが、巨人軍に入団してからの東京での身元引受人的な立場にいたのは、前田豊実の姉の前田照実だ。彼女はモルモン教本部の職員と結婚するために一足先に東京に出ていた。彼女を通じて、馬場正平はモルモン教の信仰を続けていたようだ。

しかし、プロレスラーになってからの馬場正平は、信仰から遠ざかった。

後年、ジャイアント馬場はドン・レオ・ジョナサンというレスラーと対戦した。馬場よりもかなり先輩で格上の強いレスラーだったが、名勝負を繰り広げた。このレスラーの異名が「モルモンの暗殺者」。モルモン教の信者や指導者たちはずいぶん迷惑に思ったようだが、彼は若いころからのモルモン教徒であり、プライベートでも馬場と親しかったという。

ランドバーグ長老

パリッシュ長老

関口治は話す。

「教会では、『選択の自由』を大切にします。宣教師は熱心に布教活動をし、改宗を勧めますが、最後は本人の選択に委ねます。強制はしません。

また、信仰をやめたいというときも、周囲はもちろん引き留めますが、強制はしません。教会の指導者用の手引きの中に退会の手続きについて詳細に記されています。問い合わせがあれば、その方法も伝えています。しかしながら、正式な手続きによって棄教する人は少なく、退会する人は一般的に、教会と自然と疎遠になって教えから離れていきます」

このあたり、いかにもアメリカ発祥の合理主義を感じさせる。信仰を離れるのも自由、改宗するのも自由。信仰と個人の自由を両立させている。

関口は若い頃、外国人の宣教師と組んで名古屋地区で布教活動をした。

ちょうど大相撲名古屋場所が開催されていた。外国人の同僚が相撲が見たいと言うので、休日に高砂部屋《たかさごべや》に連れて行き、けいこ風景を見物した。

「けいこを見物していると、ハワイ出身の高見山《たかみやま》関が私たちを見つけて手招きするんです。『もっと前に来てみなさい』と。それで最前列で見ていたら、けいこが終わった後、『ちゃんこを食べていきなさい』とちゃんこ鍋までごちそうになった。高見山関は、若い頃ハワイで入信してモルモン教徒になっていたのです。日本に来てからは疎遠になっていましたが、モルモン教には親しみを感じていた。私たちが自費で宣教師の活動をしていたのを知っていたんですね。それで援助をしてくれた。こういう形で、教会に来なくなってもシンパシーを抱く人は結構多いんです」

同じキリスト教系でも、信徒に厳しい戒律と信仰を義務付ける宗派であったなら、馬場正平は信仰から離れるときに相当苦しむことになったのではないか。

「来るもの拒まず、去るもの追わず」というモルモン教の姿勢は、馬場正平にフィットしていた。

後年、馬場正平は、アメリカのプロレス界で大成功を収める。もともと頭脳明晰で合理主義的な馬場正平はモルモン教だけでなく、「アメリカ的な合理主義」が肌に合っていたのではないだろうか。

のちのちまで捨てなかった信仰心

馬場正平をモルモン教に誘ったデビッド池上は、宣教師活動を終えるとハワイに戻り、ビジネスマンになった。

あるとき、商用でニューヨークに行ったデビッド池上は、ホテルのテレビをつけてプロレスの放送を見ていた。すると馬場正平がリングに上がってレスリングをはじめた。懐かしさのあまり、デビッド池上はマディソン・スクエア・ガーデンに連絡し馬場に会いたいと伝えた。

当時の馬場はリングネームはなく本名だった。まだスター選手でもなかったために、デビッド池上の伝言はすぐに馬場の耳に入ったようだ。

その夜、馬場正平はデビッド池上のホテルにやってきた。久々の再会を喜び合った後に、馬場は意外なことを話しはじめた。関口は話す。

「彼はデビット池上に、『神殿で結婚式を挙げたい』と言ったのだそうです。これは驚くべき話です」

神殿（英語ではTemple）とはモルモン教徒が結婚式を挙げる施設。モルモン教では「死がふたりを分かつまで」ではなく「永遠の愛」を誓う。

モルモン教の施設は、シンプルで合理的な建物が多いが、神殿だけは豪華な宮殿風だ。現在は日本にも3か所の神殿がある。世界には173か所の神殿があるが、当時はアメリカに十数カ所あるだけで、日本にはなかった。

神殿で結婚式を挙げたいと思うモルモン教徒の日本人は、ハワイで挙式した。

当時から、ニューヨーク近郊には豪華な神殿があった。馬場正平はそれを知って、結婚式を挙げたいと思ったのだ。相手は当時交際していた伊藤元子《いとうもとこ》（のち馬場元子）だったはずだ。

「デビッド池上は、びっくりしたようです。馬場はすでに信仰を離れている。会った時には煙草を喫っていたということです。当然、モルモン教の戒律に反している。デビッドは『それは難しい。神殿で結婚式を挙げるためには、教会員としての最低限のルールを守らないといけない。酒、煙草はだめ。婚前に性的関係があれば悔い改める。それにクリスチャンとして毎週教会に行く必要がある。その上で地元の管理者から推薦状をもらう必要もある』と言ったそうです。馬場はそれで断念したようです。でも、久しぶりに会った馬場正平は昔と少しも違わなかった。気持ちは教会のほうを向いていたのではないでしょうか」

戒律を破っても、信仰から遠ざかっても、モルモン教では教会に来ることは拒まない。しかし、神殿で結婚式を挙げるためには、再び敬虔《けいけん》な教徒に戻らなければならないのだ。

関口による高見山とのエピソードでもわかるように、信仰を離れた人の中にも、その後も信仰心を抱き、モルモン教にシンパシーを抱く人は結構いるようだ。

根拠はないが、馬場正平も、そういう思いを終生抱いていたのではないかと思われる。

5章 短い夏

三条実業高校に入学

１９５４（昭和29）年春、馬場正平は三条市立第一中学を卒業した。

正平は、一度は就職を考えた。

市内の三条機械という会社に就職しようと考えた。この会社がいちばん大きく、野球も盛んだったからだという。

三条機械製作所は煙草の製造機械のトップメーカーであり、自動車部品なども製造していた。１９４２（昭和17）年創業。現在では東証二部に上場している三条市を代表する企業だ。

三条野球連盟の発足当初からのメンバーであり、軟式野球ではあるが非常に野球が盛んな会社だった。１９７８（昭和53）年には三条機械は第33回長野やまびこ国体に、新潟代表として出場している。２００８（平成20）年には、三条市民球場のネーミングライツを取得して三条機械スタジアムと命名。今も三条市長杯など、市内の大会に出場している。

馬場正平は一方で、書籍取次の日販が中卒者の求人をしていたのでこれを受験。日販（日本出版販売株式会社）は東販（東京出版販売株式会社・現トーハン）と並ぶ書籍取次の大手。1949（昭和24）年創業の若い会社だったが、折からの経済成長によって急速に業容を拡大していた。

馬場正平は、日販の新潟での一次試験に合格して、東京での二次試験を受けようとしていた。

しかし母ミツは、上京に反対し、高校進学を強く勧めた。

ミツにしてみれば、ひとりしかいない息子の正平をもう少し手元に置いておきたいという思いもあっただろう。また、青果商の大事な働き手を失いたくないという気持ちもあったかもしれない。

当時の男子中学生の高校進学率は全国平均で51％。新潟県では38％程度だった。まだ高校に行く若者のほうが少なかったのだ。地方では中学を卒業すれば、親の手伝いをするか働きに出るのが普通だったのだ。

馬場の幼馴染である佐藤健一も三条市立第一中学を卒業すると大工の親方に弟子入りをしている。

この時期に、三条市内で高校に進学するのは少数派だったのだ。

馬場ミツは、毎日、青果商を切り盛りして獅子奮迅《ししふんじん》の働きをしていたが、息子正平の教育には出費を惜しまなかった。

前述したが、小学校から少年野球に入れて野球道具を買い与えた。また東京にも行かせている。モルモン教に改宗した後も、東京の会合に行く金を出している。

家の手伝いをする孝行息子に報いるという気持ちもあっただろうが、同時に「これからの男の子には教育が必要だ」という意識もあったのだと思われる。

野球部に入れない！

この時期の馬場正平は、とにかく野球がしたい一心だったようだ。就職を考えた時も、野球ができる会社に行こうとした。本音で言えば、高校に行きたかっただろう。

高校に行けば野球ができる。しかも軟式ではなく、巨人軍の選手と同じ硬式球をさわることができる。

母に進学を進められて三条実業高校の工業科を志願したのも、工業が学びたかったからではなく、とにかく野球がある高校に入りたかったからだ。工業科は競争率が2倍と商業科よりも低く、入りやすそうに思えたからだ。

しかし工業科の競争率は、試験の前には5・5倍と急増した。馬場は慌てたが、猛勉強をして入学した。

喜び勇んで野球部に入部しようとしたが、馬場正平の足に合うスパイクが見つからなかった。そこで泣く泣く野球部入りを断念したという。

この年の朝日新聞新潟県版によると、三条実業の下馬評には、たしかに馬場の名前はない。この時期に、馬場が野球をしていなかったのは確かなようだ。

馬場にはバスケットボール部からの勧誘もあったが、馬場に合うサイズのバスケットシューズもなかった。

そこで馬場はスポーツ部入りを断念して、美術部に入ったという。

馬場は、手先が器用で、絵が上手かった。これは遺伝だという。母ミツの妹は水野マサコという日本画家で、その夫も岩田骨光という日本画家だったという。

高校の美術部に入って、油絵の手ほどきを受けた正平は、野球部への願望を封印して絵の世界に没頭した。

大相撲の誘いに乗らず

馬場はこの時期になると、大相撲の世界にその存在が知れわたるようになっていた。

馬場の家の近所の日吉神社では何度か大相撲の巡業が行われたが、その折に大関・栃錦《とちにしき》（春日野部屋、のち横綱）が馬場の家を訪ねた。また横綱・吉葉山《よしばやま》（宮城野部屋）の弟子で、新潟県出身の三段目力士・相葉山《あいばやま》（のち幕内）も、熱心に馬場正平を誘ったという。

そもそも大相撲の巡業は、興行であるとともに、土地の大男をスカウトする目的があった。大相撲は江戸時代の昔から、こういう形で力士を勧誘していたのだ。馬場正平の巨体が相撲界に知れわたるのも無理はなかった。

前述したように、江戸時代から近世の巨人の多くが力士になった。一昔前であったなら、馬場正平には力士になる以外の選択肢はなかったはずだ。

しかし馬場は大相撲が大嫌いだった。力士や親方が来るたびに逃げまわった。モルモン教の信者仲間も、力士が呼びに来るのを聞きつけて、集会所の奥に避難して身を潜める馬場を見ている。

母のミツは力士を前にして「息子は相撲にもボクシングにもやりません」と峻拒《しゅんきょ》した。

正平を可愛がっていたし、おとなしい性格の正平に、力士など勤まるはずはないと思っていたのだ。

はじめて硬球を手にする

一度はあきらめた野球だったが、馬場正平は2年生の春に野球部に入部する。野球部の渡辺剛部長が、馬場の才能を惜しんで靴屋に特注して特大のスパイクを作ってくれたのだ。巨大化してからの馬場はとにかく「履物」に悩まされたが、この時がいちばん嬉しかっただろう。

自伝にはっきりと書いてある通り、馬場正平はこのときにはじめて硬球を握った。中学までは軟式野球だったから、プロ野球と同じ球にふれるのは、この時がはじめてだったのだ。

今思うと、かなり不思議だ。馬場正平はエースになって甲子園の予選に出るが、夏に敗退。硬球で野球をしたのは3か月に過ぎない。

なのに、その年の秋にはスカウトの目に止まり、讀賣巨人軍に入団しているのだ。

もちろん、世の中には当時、巨人のエース格だった大友工《たくみ》や、広島の殿堂入り名投手・

大野豊などのように、軟式野球からプロ入りする選手はいる。

しかしこうした投手は、軟式とはいえトップクラスの野球を経験してプロ入りした。

これに対し馬場正平は、軟式野球でも少年野球の新潟県中越大会で優勝しただけ。

こうした浅いキャリアでプロ入りしたのは、まったく異例だったのではないかと思われる。

2年生の4月に硬球にはじめて触れて、馬場正平はすぐにエースになったようだ。

当時、三条市には3つの高校があった。

普通科の三条高校は、この年の甲子園の予選の新潟県大会で準優勝。他の年も県大会でベスト8くらいに進むことがあった。3つの高校のなかではいちばん実績があった。

この5年前に女子高から男女共学になった三条東高は一回戦で敗退することが多かった。

馬場正平が進んだ三条実業は、2年前の1952(昭和27)年、春の新潟県大会でベスト4になったのが最高。三条高校よりも実績では劣っていた。

いずれにしても市内で甲子園に駒を進めた高校はなかった。

三条市は野球どころではあり野球熱は高かったが、野球のレベルはそれほど高くはなかったのだ。

三条実業のエースになった馬場正平は、練習試合では野球部はじまって以来の7連勝を記録したと書いている。長身のエースを得て、無印だった三条実業は注目される存在になったようだ。

公式戦の記録としては、4月末から5月9日まで行われた春の北信越地区高校野球新潟大会が残っている。

中越地区大会の一回戦で長岡工と対戦し、6回コールド2対1で勝っている。

月日不明　長岡悠久山球場　1回戦

三条実　110 000…2

長岡工　000 001…1

○馬場、上野―高橋

●永井―早川

馬場は同期の上野の救援を受けたが、勝利を飾った。

二回戦は、長岡高校戦。馬場は完投する。

月日不明　長岡悠久山球場　2回戦

三条実 100 000 300…4
長　岡 000 010 000…1

○馬場―高橋
●佐々木―伊藤

後述するが、長岡高校は文武両道の強豪校だ。
三条実業は決勝戦に進出するが、長岡商に7回コールド0対9で敗れる。

5月9日　長岡悠久山球場　決勝戦

長岡商 010 151 1…9
三条実 000 000 0…0

○土田―矢島
●馬場、上野―高橋

この試合で、馬場は5回にノックダウンを喫して上野に救援を仰いでいる。しかし前年までは、北信越大会で勝つこと自体がまれだったから、決勝進出は大きな進歩だった。

この年の朝日新聞新潟県版の高校野球の予想記事では、三条実業を「調子づくと恐いチーム　馬場は全国高校一の巨漢投手」と題し、以下のように評している。

「三条実高　投手以下六人が卒業したのでチームは二年生中心に編成され、一年若返っただけに試合なれせず、安定性がない。調子に乗れば実力以上の力を発揮するが、反対に崩れるもろさもある。春の中越大会で、強豪長商（長岡商業高）を9―3で打ち取ったが、北信越大会では反対に9―0で大敗している。

主戦投手馬場は六尺三寸四分という恐らくは全国高校野球界一の巨漢であろう。ところが球威もなく、カーブのキメ球も持たぬが、その巨体から投げ下ろす重い球は、打たれても伸びない。凡打で打ち取るという戦法。渡辺野球部長は〝球にもう少しスピードが加わればな〟と長嘆している。

リリーフ上野はチェンジオブペースに妙味がある。主将樋口は三年連続出場のベテラン。好守ともに光っている。岩田は大物を打つ。大会までには短打法を調練し磨きあげる方針」

強いのか弱いのかわからない下馬評だが、まずはダークホースと言うところだろう。

オーダーは

1番　遊　樋口　3年主将
2番　三　佐藤　2年
3番　右　上野　2年
4番　二　岩山　3年
5番　捕　高橋　2年
6番　一　本間　3年
7番　中　涌井　2年
8番　左　神田　2年
9番　投　馬場　2年

なお、この記事によれば、北信越大会の前に、中越大会があったようだ。この大会で三条実業は長岡商業に9対3で勝利したようだが、その試合記録は探すことができなかった。

春の大会を経て、いよいよ夏の甲子園の予選がはじまった。

この年の新潟県予選出場校は41校。これが上越14校、中越10校、下越17校のブロックに

昭和29年7月17日　（土曜日）　朝日新聞

今年こそ甲子園へ…

41校球児が熱と技を傾けて

きょう高校野球の幕開く

カットは大会ポスター

超早場米供出が心配

天候不順で稲の生育遅れ

新潟県民にとって甲子園は夢の舞台だった。
（「朝日新聞新潟県版」より）

分かれて予選を戦う。その勝者によって新潟県大会が行われる。

しかし新潟県大会で優勝したからと言って、そのまま甲子園に出場できたわけではない。新潟県大会の優勝校は、信越大会に進み、長野県大会の優勝校と決勝を行う。

長野県には松商学園という全国屈指の強豪校があった。現在まで春夏通算で優勝1回、準優勝3回、甲子園通算勝利38勝。新潟県にはこんな強豪は一校もない。この厚い壁の前に、新潟県勢はなかなか甲子園には出られなかった。

新潟県は野球熱は高かったが、野球強国とは言えない地域ではあった。馬場自身がどのように思っていたかはわからないが、甲子園への道は果てしなく遠かった。

あっという間に「夏」終わる

7月18日、馬場正平を擁する三条実業は、夏の県予選第1回戦で長岡高と対戦した。午前10時プレイボール、場所は長岡市悠久山球場。この球場は1949(昭和24)年に開場。プロ野球の公式戦も行われている。1960年ごろ一度廃業、閉鎖されたが、1967年に再び開かれた。新球場は、イチローが野茂英雄からプロ第一号本塁打を打ったことで知られている。

この球場で馬場正平は、甲子園への第一歩を踏み出したのだが、残念ながらその歩みはこの日であっけなく終わってしまった。

7月18日　長岡悠久山球場　1回戦
三条実　０００　０００　０００…０
長　岡　０００　０００　１０X…１
●馬場―高橋
○佐々木―神林

三条実業の馬場正平は8回を投げて打者27人に4被安打2奪三振、4四球、自責点は0だった。

朝日新聞新潟県版の戦評。

「実力は互角で最後まで予断を許さなかったが、長高は7回二死走者一、三塁のとき敵失で一点を拾い勝敗を決してしまった。長高佐々木のインシュートはよく決まり、一方三条実馬場投手の六尺豊かな巨体から繰り出す重い球を両軍とも打ちあぐみ、貧打戦だった」

決勝のホームインの写真が、朝日新聞新潟県版に載っている。三条実の捕手は、馬場とともにプロ野球に行こうとした高橋伸義だ。

痛恨の思いが生んだ記憶違い

この試合について、馬場の自伝では、長岡工に9回1対0で惜敗したと書いている。内容も実際の試合とはまったく異なっている。

馬場は、互いに点が取れず、ゼロ対ゼロのまま九回裏まできて、簡単にツーアウトを取ったが、三塁打を打たれ二死ランナー三塁となり、ここで二塁手がゴロをファンブルし、一塁に送球したもののセーフ、その間に走者が駆け抜けてサヨナラ負けした、と書いている。走者が2メートルも手前にいるときに、一塁手が捕球したのにセーフと宣された。馬場をはじめ、三条実業ナインは、審判に抗議をしたが、校長先生が「高校生は抗議をしちゃいかん」と言ったために敗戦が決まったのだとしている。

これは別の試合だ。

実は、馬場は夏の甲子園の予選の後、もう1試合、公式戦に出場している。月日は不明だが、秋の北信越地区高校野球新潟大会である。

三条実は、中越地区大会で長岡工と対戦し、1対0で敗れている。馬場が自伝で書いた

加茂農4－1長岡工

長岡商5－1六日町高

新潟地区が四連勝

勤労者体育大会 六百余名が熱戦

県予選1回戦で惜しくも敗れ、馬場正平の甲子園への夢は終わる。下段写真の捕手は高校時代の馬場の相棒、高橋伸義。（「朝日新聞新潟県版」より）

試合とまったく同じ展開だった。

月日不明　3回戦
長岡工 000 000 001…1
三条実 000 000 000…0
○永井—早川
●馬場、上野—高橋

この試合も単なる地方大会ではない。春の選抜大会の重要な選考材料となる。馬場にしてみれば、夏はだめだったとしても、春の甲子園には出場したいという希望をもって大会に臨んだのだろう。

しかし初戦でその夢はついえた。この試合で負けたことで、馬場は高校野球を断念した。そのショックもあって、夏の予選との記憶の混同が生じたのだろう。

夏の甲子園予選で馬場たちの三条実業が惜敗した長岡高校は、旧制長岡中時代には連合艦隊司令長官山本《やまもと》五十六《いそろく》、最近では櫻井よしこなども輩出した新潟屈指の名門校。しかも甲子園には通算で6度出場している文武両道高だ。

長岡高校はこの年の優勝候補の一角であり、投手・佐々木、捕手・伊藤を中心としたメンバーは「粒ぞろい」と評されていた。

前述したように三条実業は、春の信越大会では長岡高には勝っている。実力差はそれほどなかったのだ。

新聞の見出しにも「長高辛勝」という文字が躍った。

なお、秋の大会で負けた長岡工業には甲子園出場記録はない。

この年の信越大会を制したのは長野県の松商学園高校。

春の選抜では、長野県の飯田長姫高校が甲子園に出場し、身長157センチのエース光沢《みつざわ》毅《たけし》が大活躍して優勝。「小さな大投手」ともてはやされたが、夏は常連校・松商学園の壁を破ることができなかった。

馬場正平がプロ入り前に硬球で野球をしたのは、わずか100日余りだった。公式戦はわかる限りでは3勝3敗。練習試合も含めて試合数は十数試合というところか。

本来であれば、馬場正平は学校に残って野球を続け、捲土重来《けんどちょうらい》をめざすべきだったが、彼の意識は「その先」に向かう。さらなる飛躍を考えはじめたのだ。

6章 巨人軍の一員になる

甲子園の夢を断念する

馬場正平が、三条実業高校を中退してプロ野球に入りたいと思った理由は、いくつか考えられる。

ひとつは、当時の新潟県が高校野球では極めて弱く、どんなに頑張っても甲子園に出ることは絶望的だったこと。

新潟県は１９２３（大正12）年にはじまった甲信越大会、１９３１（昭和６）年からの信越大会で、ほとんど勝ったことがない。

新潟県は１９５８（昭和33）年に単独大会となって代表校を出すまで、実に32年間にわたって、甲子園に代表を出したことがなかった。一度も長野県代表に勝ったことがなかったのだ。

中越大会を勝ち抜いて、県大会に進出し、新潟県で優勝したとしても、信越大会で全国屈指の強豪の松商学園などにあたる。力の差は歴然だった。

■甲信越大会、信越大会での甲子園出場数（1957年まで）

大会	期間	甲子園出場校		
		長野県	新潟県	山梨県
甲信越大会	1923-1930	6	2	0
信越大会	1931-1957	22	0	

また直接の予選がないセンバツ高校野球でも、この時点まで、一度も新潟県勢は選抜されたことがなかった。春の甲子園も1958（昭和33）年に新潟商業が選ばれたのが最初だ。新潟県は「日本で一番甲子園が遠い県」のひとつだったのだ。

ましてや三条実業は、新潟県内でトップクラスの強豪でもない。事実、この年も1回戦であえなく敗退した。

馬場正平は、自らの目標があまりにも遠いことを身をもって知り、絶望したのだろう。三条実業の工業科に進んだのは、工業を学んで技術や知識を身につけたかったからではない。ひとえに野球がやりたかったからだ。

しかし、「甲子園出場は到底無理」という現実を目の当たりにして、馬場は焦燥感を抱いたに違いない。

前述したように、当時の新潟県の高校進学率は38%。高卒よりも中学卒業のほうが多かった。「高卒」の学歴は、それほど重要ではなかった。

馬場正平は、中学時代に東京で読売ジャイアンツの選手を目の前で見ている。新潟でも巨人の試合を観戦した。プロ野球、とりわけ巨人へのあこがれは強かったと思われる。

おそらく秋季大会で敗退が決まった直後だと思われるが、捕手だった同じ2年生の高橋伸義が馬場に、

「高橋ユニオンズに願書を出さないか」と誘った。
これが馬場の気持ちを大きく揺り動かした。

最弱球団、高橋ユニオンズ

高橋ユニオンズは、この年にパ・リーグに誕生したばかりの新興チームだった。親会社はなく「日本のビール王」と言われ、通商産業大臣にもなった高橋龍太郎《たかはしりゅうたろう》が、旧知の大映オーナーの永田雅一《ながたまさいち》に誘われて、ポケットマネーではじめた球団だった。

1年目は53勝84敗でパ・リーグ8球団中の6位。各球団から寄せ集められたロートル選手ばかりだったから、「よくぞ最下位にならなかった」と評価された。

しかし弱いことには変わりはない。補強が急務になっていた。

当時、ドラフト制度は導入されていなかった。自由競争の時代であり、大学、高校の有望選手は巨人や西鉄、南海などの有力チームが、札束攻勢で獲得していた。

前年、松山商業の優勝投手だった空谷泰《そらたにやすし》（のち児玉姓）には、各球団のスカウトが殺到した。本人に志望球団がなかったことから、松山商業の関係者は「入札」を宣言し、中日ドラゴンズが落札した。しかし高野連は、学校がプロの入札に関与したことに激怒し、高野連サイドに何の連絡もなかったとして松山商業を1年間の公式戦出場停止処分とした。

資金力に乏しい高橋ユニオンズはこうした新人獲得競争でも不利だったし、スカウト網も弱かった。

馬場の相棒の高橋伸義は「このチームならばテストしてくれるかもしれない」と考えて、馬場を誘って願書を送ったのだった。

果たして、高橋ユニオンズから返事が来た。

「岡山県営球場にテストを受けに来い」

岡山は高橋ユニオンズにとって準フランチャイズのような土地だった。チームの結団式も岡山県営球場でやったし、1年目のキャンプも張った。そこにふたりを呼んだのだ。

しかし新潟から岡山は遠いので行けないと返事をすると、今度は「本拠地の川崎球場に来い」という返事が来た。

これは、正式のテストである。

この年の野球専門誌「野球界」の9月号には「高橋球団で新人の採用試験」という記事が載っている。

「パ・リーグ高橋球団では明年度球団強化のため一般から新人を募集する。選考は八月二十日午前九時から川崎球場で行われるが希望者は十九日までに身長、体重などを記入した履歴書を添付して、東京都中央区銀座一ノ三ユニオンクラブまたは川崎市富士見町川崎球場内ユニオンズ新人募集係あて申し込めばよい。なお当日は野球用具、昼食持参となっている」

しかし馬場はこのテストは受けなかった。

もしユニオンズに入っていたら…

馬場正平の巨人入団について触れる前に、もう少し馬場とユニオンズについて考えておきたい。

この年のユニオンズの入団テストでは、10人の選手が合格している。その選手の生涯成績。

投手

川田幸夫　足利工　通算0勝

大庭　宏　佐世保工　通算0勝

鈴木延王　本庄高　一軍出場なし

柿原　功　佐賀高卒　一軍出場なし
長谷川宏司　横浜商　通算0勝
石崎正勝　岡山工　通算0勝
見乗敏茂　八幡浜高　打者転向　通算0安打

捕手
青木　淳　相洋高　通算38安打

内野手
板倉　強　関西高　一軍出場なし
青戸英夫　安来高　一軍出場なし

この年の新人は、ほとんど戦力にならなかった。他球団のスカウトの目に留まらなかった選手たちのレベルは低かったのだ。

その後の巨人での戦績を見れば、高橋のテスト合格者と比べても、馬場の実力は群を抜いていたように思われる。

馬場正平がテストを受けていたら、おそらく合格していただろう。

高橋の選手層は、巨人とは比較にならないほど薄い。

翌1955（昭和30）年、高橋ユニオンズは、トンボ鉛筆をスポンサーとして、トンボ・ユニオンズと改称するが、資金は乏しく、強い選手は集まらなかった。

伝説の大投手ヴィクトル・スタルヒンがいたが、すでに39歳。他の投手陣も弱体であり、シーズン後半には馬場に登板のチャンスはあったものと思われる。

1956（昭和31）年には、再び高橋ユニオンズとなる。この年、六大学の有名選手だった慶應義塾大学の佐々木信也が入団する。ユニオンズ唯一のスター選手だった。

もし馬場が入団していたら、スタルヒンが引退し、チームがさらに弱体化したこの年には一軍で先発投手の一角を占めていたのではないか。

プロ野球界でもっとも選手層が厚い巨人では、馬場正平はなかなか一軍の試合に出ることができなかった。しかし「最弱球団」高橋ユニオンズでは、はるかに多くの活躍の機会があったと思われる。5勝、うまくいけば10勝くらい挙げた可能性もあろう。

しかし高橋ユニオンズは、1957（昭和32）年に大映スターズと合併し、大映ユニオンズになる。さらに翌年には毎日オリオンズと合併して大毎オリオンズになる。高橋ユニオンズの多くの選手は解雇された。唯一のスター選手だった佐々木信也でさえも大毎を1

年で退団した。

人脈もなく、世渡りもうまいとは言えなかった当時の馬場正平が、こうした相次ぐリストラを生き抜けるとは思えない。高橋ユニオンズに入団していたとしても、数年のキャリアで姿を消したのではないだろうか。

讀賣巨人軍に入団

馬場正平を巨人にスカウトしたのは源川英治《みながわえいじ》という人物だ。

巨人軍のスカウトだとされるが、この時期に巨人軍に入団したOBや関係者に聞いても、ほとんどが知らないという。

元プロ野球選手ではなかったのは間違いがない。巨人軍にも他の球団にも、この名前の選手はいなかった。

早稲田大学出身だったこと、多摩川グランドにも近い東京都大田区鵜の木に住まいがあったこと、のちに（おそらくは1958年）、大洋ホエールズに移籍したことがわかるのみである。

馬場が入団した翌年の1956（昭和31）年から、セントラル・リーグはスカウトを登録制にした。パシフィック・リーグと相談することなく決めたことは批判を呼んだが、のちにパもこの制度を導入する。スカウトは専業者だけでなく、監督、コーチや現役選手が兼任することも可能だった。

登録がはじまった時期の讀賣巨人軍のスカウト専業者は中川政人《なかがわまさと》（元阪神の支配人、スカウトを歴任）、若林《わかばやし》俊治《しゅんじ》（佐倉一高時代の長嶋茂雄に最初に声をかけたスカウト）、等々力栄《とどろきさかえ》の3人だった。兼任で、監督の水原《みずはら》茂《しげる》、コーチの谷口五郎《たにぐちごろう》、まだ現役だった藤本英雄《ふじもとひでお》。さらに讀賣新聞社系のスポーツライターである吉田要《よしだかなめ》（元法政大投手、戦前は満州スポーツ記者）、有馬直《ありまただし》、小《お》野《の》陽章《はるあき》（のち巨人軍広報部長、川崎球場長）も兼任でスカウト登録をしていた。

こうした中に源川の名前はない。非正規だったのではないかと思われる。

源川と書いて「みながわ」と呼ぶのは新潟地方に多く見られる。新潟市には、今もこの名前の企業や病院などが散見される。三条市にも源川姓の家や事業所がある。おそらくは地元の新潟、北陸地域を担当するローカルなスカウトだったのだろう。

一説には、馬場正平獲得の断を下したのは谷口五郎だったとされる。谷口は、早稲田大学のエースとして鳴らし、社会人野球の選手、監督を経て1953（昭和28）年に巨人のコーチに就任した。1979（昭和54）年には指導者としての功績を認められ、野球殿堂入りした一流の野球人だった。

源川は早稲田大学出身であり、谷口とは先輩後輩だ。また谷口は後述する「水原あやまれ事件」の余波で、1958（昭和33）年に大洋ホエールズに移っている。おそらく源川も谷口と行動を共にしたと思われる。ふたりの関係の深さを感じさせる。

馬場は源川英治スカウトが馬場家を訪れたのは10月末だと述懐しているが、実際には8月下旬だったと思われる。馬場の巨人入団が決まったのは10月初旬であり、そこから逆算するとこの時期にアプローチがあったと考えられるからだ。また、馬場が8月20日に行われた高橋ユニオンズの入団テストを受けていないことからも、この時期に源川が馬場にコンタクトを取ったと推測される。源川英治は、新潟の讀賣新聞記者から、馬場の評判を聞いて試合を見に出かけてアプローチをした。まず三条実業を訪れ、野球部の渡辺剛部長に馬場の所在を尋ねた。そのうえで実家を訪れた。

有望選手には、前年からスカウトが目をつける。甲子園の予選が終わったころにはあらかた入団交渉は終了していることが多かった。

馬場は、めぼしい選手へのアプローチが終わった後の「落穂ひろい」のひとりだったと思われる。

源川は支度金20万円、初任給1万2千円を提示した。

当時の大卒初任給は5700円とされる。20万円は大卒1年目の社員の年収を上回る。まだ1万円札は発行されていない。20万円は、千円札200枚、およそ2センチの厚さになる。

「10万円なんて見たことがなかった」と馬場が有頂天になるのも無理はない。

前年、10球団入札の末に中日に入団した松山商業の空谷泰の支度金は210万円。同じ年に南海ホークスにテスト生で入団した野村克也《のむらかつや》は支度金なしの月給7000円。新人でも有望選手と無名選手の待遇の格差は大きかった。テスト生上がりの給料は、スカウトされた選手よりもはるかに少なかった。

馬場正平は、野村克也よりは多かったが巨人がスカウトした新人選手としては最低ランクだった。それでも馬場家はこれまで目にしたことのないような大金を手にすることとなった。

源川スカウトはいったん帰京した後、おそらくは巨人コーチ・谷口五郎の承認を得て再度馬場家を訪れ、正式に契約した。

10月8日付の朝日新聞新潟県版には「馬場君巨人入り決定」という記事が馬場の顔写真入りで載っている（ちなみに新潟県最大の部数を誇る新潟日報には記事は載らなかった）。

馬場はそれ以降、リヤカーを括りつけ自転車で街を走っていると、方々から声をかけられるようになった。「体を大事にしろよ」とも言われるようになった。晴れがましい心持ちがしたことだろう。

「野球界」の12月号には巨人軍新入団選手として馬場正平の名前が出ている。

1月生まれの馬場はまだ16歳だった。今はほとんど見られないが、昭和中期までは、高校を中退して球界に入る選手が少数ながらいた。

史上最多の400勝投手、金田正一は1950(昭和25)年、享栄商を3年途中で退学し、17歳で国鉄スワローズに入団した。

また馬場より7学年下の尾崎行雄は1962(昭和37)年、浪商高を馬場正平と同じく2年途中で退学し、東映フライヤーズに入団した。

源川スカウトは馬場に言った。

「球界最年少ですな」

世代交代の年

馬場正平が入団を決めた1954(昭和29)年、讀賣巨人軍は中日ドラゴンズに5・5ゲーム差をつけられ、2位に甘んじた。1951(昭和26)年から続いていた連覇は「3」でストップした。

中日はエース杉下茂《すぎしたしげる》が32勝12敗と大活躍、最優秀選手に輝いた。杉下は特に巨人に強く、ひとりで11勝を挙げた。また中軸の杉山悟《すぎやまさとる》が打点王を獲得した。

巨人は与那嶺要《よなみねかなめ》が首位打者、この年に早稲田大学から入団した大型遊撃手・広岡達朗《ひろおかたつろう》が新人王に輝いたが、戦前からの主力選手だった千葉茂《ちばしげる》、中尾碩志《なかおひろし》らに衰えが見えるなど、世代交代の時期が迫っていた。

巨人はレギュラー三塁手だった宇野光雄《うのみつお》を国鉄に譲渡した。これも戦力ダウンになった。

巨人はこの年、宇野を加えて戦力アップした国鉄に8連敗するのである。

巨人軍はチームの強化のために、海外遠征と大型補強を決めた。

この年の新入団選手と生涯成績。

投手
添島時人　熊本工　通算0勝
青木　稔　同志社大中退　通算2勝
国松　彰　同志社大中退　通算0勝、外野手に転向して979安打
松下秀文　山北高　野手に転向して12安打
守　貞夫　福岡京都高　一軍出場なし
木戸美摸　兵庫県立農　通算26勝

東口義松　津中卒　一軍出場なし
吉原三郎　津山工　一軍出場なし
馬場正平　三条実中退　通算0勝

捕手

森　昌彦　岐阜高　通算1341安打
加藤克巳　中京商　通算8安打
島田　博　会津工　一軍出場なし

内野手

工藤正明　北海高　通算0安打
新名耕三　高松商　一軍出場なし
石坂善七　富山南　一軍出場なし
岡田　稔　砺波高　一軍出場なし

外野手

十時啓視　岩国高　通算88安打
宮本敏雄　ボールドウィン高　通算726安打
小寺好雄　倉敷工　一軍出場なし
河野　正　佐伯鶴城高　通算19安打

このうち添島時人《そえじまときと》、加藤克巳《かとうかつみ》、工藤正明《くどうまさあき》は、甲子園で活躍した有名選手。他の選手も野球強豪校の出身者が多い。宮本は、巨人が中南米遠征の帰路、ハワイでスカウトした日系二世。エンディ宮本のニックネームで親しまれ、打点王を2度とった強打者。森昌彦《もりまさひこ》はV9時代の巨人の本塁を守り通した屈指の大捕手。国松彰《くにまつあきら》も同時代の巨人外野陣の一角。強肩で鳴らした。十時啓視《ととときけいし》は勝負強いピンチヒッターだった。

高橋ユニオンズと比較しても、質、量ともに段違いであることがわかる。20人もの新人獲得は、今では考えられない。この年の巨人軍の選手は全部で55人。4割弱が新人だった。

巨人フロントが「世代交代」を強く意識していたことがわかる。馬場のような無名校の、実績のない選手が入団テストを受けることもなく入団できたのも巨人のこうした状況を反映している。

馬場正平は、そうそうたる顔ぶれとともに、一軍出場を目指すこととなった。

報道陣の前で身体測定

支度金の20万円は母のミツにそのまま渡した。母はこの金で馬場の巨体に合ったオーバーコートと上着を新調した。馬場はこのオーバーは、プロレスに転じてアメリカに渡る前に、後輩のアントニオ猪木に譲ったと言っている。

11月20日、入団契約の前に、馬場はヘルニアの手術をするために母とともに上京した。巨体ゆえの腰痛持ちだった馬場は新潟でヘルニアの手術をしていたが、万全ではなかった。再発しては大変と、東京の飯田橋病院で再度手術をした。このあたり、馬場家は息子を送り出すについて、念入りだった。

この折に、馬場正平は入院先の飯田橋病院で巨人入団のための身体検査も受けている。三条実業野球部の渡辺剛部長も同行した。

その模様は報道陣にも公開され、大きな話題となった。

報知新聞は、「巨漢投手都入り」と題して写真入りで報じている。

「十六歳にして六尺三寸四分の巨漢として球界の話題をにぎわし、巨人入りした新潟県立三条実業高校機械科二年生の馬場正平君が二十日同行の渡辺剛野球部長と母のみつさん（五七）に連れられて上京した。

同君の上京は、幼時の整形手術を受けるためで二十一日飯田橋病院に入院したが、ベッドも普通のものでは間に合わず病院も準備にてんてこまいだった」

馬場正平のインタビュー。

「ぼくはこれで東京に来たのは二回目で、はじめに来たときは二十四年の秋で、小学校卒業旅行で、まだ東京と言うところは皆目見当がつきません。でもこんど読売巨人軍に入団できるとは大変うれしいです。もちろん一生懸命働くつもりです。相撲さんからもいろいろとさそわれましたが、きらいなので、どうせやるなら好きな野球と言うわけで。巨人に入団しました。一刻も早く体を完全にして、来年のキャンプでしっかり勉強するつもりです」

これまで述べてきたように、馬場正平は何度も上京している。この記事は、巨人の非正規スカウトも兼ねていたライターの有馬直の署名記事だが、インタビューをしなかった可能性もあろう。

渡辺剛野球部長。

「こんな大きな身体なのに、非常に柔軟性に富んでおり、中学校の時から球技と名の付くものは、なんでもやり、なかなかの器用人で、とくにバスケットボール、卓球、排球などは野球以上の実力を持っているでしょう。それに馬場君はモルモン教徒で〝洗礼〟を受けたばかりのクリスチャンです。とにかく彼の成功を祈るだけです」

母・馬場ミツ。

「正平の希望どおり野球の方へ、それも伝統ある読売巨人軍に入団させていただけたことは私だけでなく家内中がみんな喜んでおります。心配は読売巨人軍のために傷つけることなく一生懸命やってほしいだけです」

この記事の写真には、巨人軍コーチで野球殿堂入りしている谷口五郎が一緒に写っている。巨人側の窓口だったのだ。

この事実からも、谷口が実質的に馬場正平のスカウトだったことがうかがえる。以後、谷口五郎と馬場正平の間には師弟関係ができるのだ。

水原監督も顔を出して、馬場とツーショットを撮っている。水原茂の身長は170センチ、野球選手としてはその当時としても大きいほうではなかったから、馬場と並んだ写真はインパクトがある。

この時の馬場正平の身体検査の模様は報道陣に公開された。「野球界」など多くの雑誌、

1954年11月20日。ヘルニアの手術と巨人軍入団のための身体測定のために上京した馬場と当時の巨人軍監督・水原茂。(写真:報知新聞社)

スポーツ紙が大きく報道した。ここでは「週刊ジャイアンツ」の記事をそのまま転載する。測定した医学博士・竹村文祥《たけむらふみやす》は、医学や性医学についての著書が多数ある有名な医師だった。巨人のチームドクターのような存在で多くの選手を診ている。

まさに、馬場正平のすべてが世間に明らかになった。

１９５８（昭和33）年まで、日本は尺貫法が通用していた。当時の人々は６尺３寸、26貫という数字に驚いたはずだ。メートル法に直せば、身長１９１センチ体重98・４キロ、当代の日本ハムファイターズ大谷《おおたに》翔平《しょうへい》は１９３センチ90キロ、阪神タイガース藤浪《ふじなみ》晋太《しんた》郎《ろう》１９８センチ88キロ。馬場は彼らよりも横幅が広く、骨太だった。

現在の19歳男子の平均身長は１７１・９センチ、１９５５年の平均身長は１６２・２センチ。現在でも１９０センチは人目をひく長身だが、当時の日本ではずば抜けた長身だった。当時のプロ野球の最高身長は高橋ユニオンズ、ヴィクトル・スタルヒンの１９１センチ、馬場はこれと並んだ。日本人選手では阪急の左腕投手の梶本隆夫《かじもとたかお》が１８６センチで群を抜いた長身だった。

これまで馬場正平は、自らの巨体を隠すために、記念写真や集合写真では、背中を丸め、体を折りたたんで顔の位置を無理やり他の人と同じレベルにするのが常だった。周囲もそれを理解し。気配りをした。

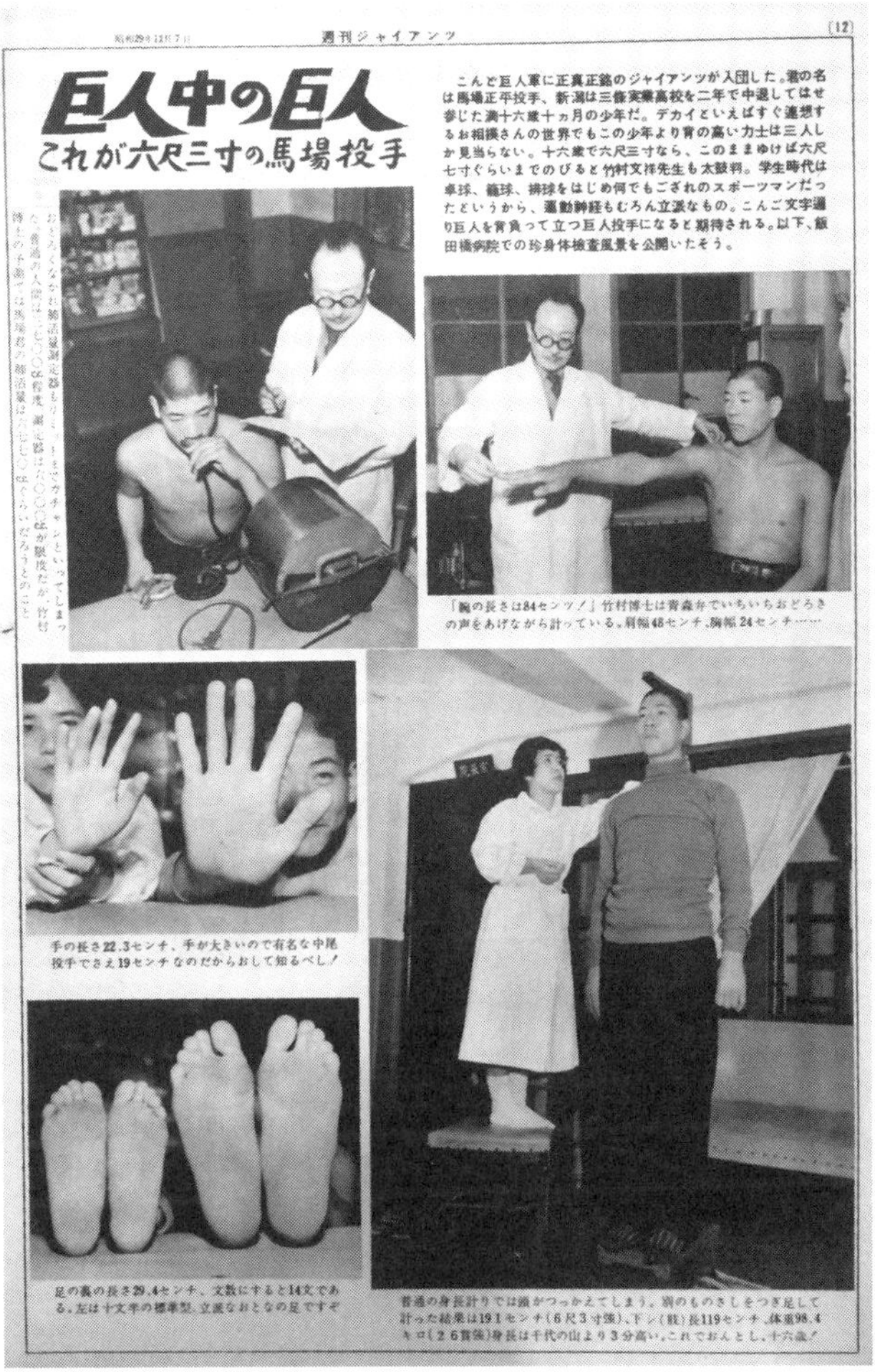

昭和29年12月7日　週刊ジャイアンツ　(12)

巨人中の巨人
これが六尺三寸の馬場投手

こんど巨人軍に正真正銘のジャイアンツが入団した。君の名は馬場正平投手、新潟は三條実業高校を二年で中退してはせ参じた満十六歳十ヵ月の少年だ。デカイといえばすぐ連想するお相撲さんの世界でもこの少年より背の高い力士は三人しか見当らない。十六歳で六尺三寸なら、このままゆけば六尺七寸ぐらいまでのびると竹村文祥先生も太鼓判。学生時代は卓球、籠球、排球をはじめ何でもござれのスポーツマンだったというから、運動神経もむろん立派なもの。こんご文字通り巨人を背負って立つ巨人投手になると期待される。以下、飯田橋病院での珍身体検査風景を公開いたそう。

おそろしくなかれ肺活量測定器もガチャンといってしまった。普通の人間は○○○○cc程度、測定器は六○○○ccが限度だが、竹村博士の予測では馬場君の肺活量は六、七○○○ccぐらいだろうとのこと

「腕の長さは84センツ！」竹村博士は青森弁でいちいちおどろきの声をあげながら計っている。肩幅48センチ、胸幅24センチ……

手の長さ22.3センチ、手が大きいので有名な中尾投手でさえ19センチなのだからおして知るべし！

足の裏の長さ29.4センチ、文数にすると14文である。左は十文半の標準型、立派なおとなの足ですぞ

普通の身長計りでは頭がつっかえてしまう。別のものさしをつぎ足して計った結果は191センチ(6尺3寸強)、下シ(股)長119センチ、体重98.4キロ(26貫強)身長は千代の山より3分高い。これでおんとし、十六歳！

飯田橋病院で身体検査をする馬場の姿が記事として掲載された。
(「週刊ジャイアンツ」より)

しかし、讀賣巨人軍ではそれは許されなかった。彼の巨体は世間にさらされた。身長だけでなく、腕の長さや手足の大きさまで明るみにさらされた。多くの人が馬場正平の写真を目にし、その巨体に目を見張った。

大相撲や野球界に巨漢の新人が入門した時には、今に至るもこの手の写真が必ず掲載される。一種の通過儀礼である。

しかし、それは馬場正平にとって衝撃的なことだっただろう。そして彼は、これから自分を待ち受ける世界がかなり厳しいものであることもぼんやりと悟ったのではないだろうか。

生まれ育った故郷での幸せな少年時代は去った。アスリートとしての過酷な日々がはじまったのだ。

以後「巨人軍の巨人」（または「巨人中の巨人」）は、馬場正平のキャッチフレーズとなった。

7章 長嶋茂雄前夜

「野球芸人」と蔑まれた職業野球

この章では、馬場正平が入団した当時のプロ野球界、讀賣巨人軍の環境について触れておきたい。

馬場正平が巨人に入団した1955（昭和30）年は、日本に職業野球リーグが誕生して20年目の節目に当たる。藤村富美男《ふじむらふみお》、川上哲治、千葉茂、青田昇などのプロ野球草創期の選手たちがまだ現役だった。

職業野球の誕生は、1934（昭和9）年、讀賣新聞社社主の正力松太郎《しょうりきまつたろう》が、ベーブ・ルースなどアメリカ大リーグのスター選手を連れてきて日本チームと試合をしようとしたのがきっかけだ。

当時、日本には文部省が発令した野球統制令という訓令があった。これは学生野球の「興行化」「商業化」を抑制するための訓令であり、学生野球選手のクラブチームへの参加、プロ選手との試合を禁じていた。

このために正力松太郎は社会人による職業野球チーム「大日本東京野球クラブ」を創設した。のちの讀賣巨人軍である。

2年後の1936（昭和11）年から職業野球のリーグ戦がはじまった。

このリーグ戦は都市を中心にファンを集めたが、学生野球サイドは職業野球には否定的だった。

巨人の水原茂（慶應義塾大学）、三原脩《みはらおさむ》（早稲田大学）のように、東京六大学のスター選手も職業野球に参加したが、OBや指導者のなかには否定的な意見の持ち主も多かった。

法政大学の花形三塁手だった鶴岡一人《つるおかかずんど》が南海への入団を決めると、OB会は「卒業と同時に職業野球に入るとは何事、野球芸人になるつもりか。母校の恥だ。除名せよ」と強く非難した。

東京六大学側は、職業野球を下風に見ていたし、そこに転身する大学野球の選手には批判的だった。

それでも多くの学生が職業野球に身を投じたのは、戦争が激化して学生たちが「いつ兵隊にとられるかわからないから、生きているうちに好きなことをしよう」と思ったからだという。

世間一般も「職業野球は、見世物の類」という意識が強かったのは間違いのないところだ。

戦後も地位が低かったプロ野球

終戦後、占領軍（GHQ）の中核となった米軍は、野球を日本統治の手段に利用しようとした。

終戦の年には神宮球場で職業野球選手による東西対抗が行われた。

翌年にはプロ野球リーグ戦が再開、同時に東京六大学野球も再開された。

しかし、この時期になってもプロ野球は大学野球よりは社会的地位は下だとみられていた。

中日の大エースとなる杉下茂は、戦地からの復員後はいすゞ自動車でプレーをしていた。プロからの誘いが頻繁にあったが、

「当時は六大学野球のほうがレベルが上でしたね。小学校時代に野球をはじめてから、神宮の舞台に立つのが夢でした。だから当時の中日の監督だった竹内愛一《たけうちあいいち》さんに『僕は大学で野球をやります。選手が勧誘に来てうるさいから寄越さないでください』と断りに行ったんです」

と述懐している。その後、明治大学を経て中日に入るときも、母に反対され、ついには「3年だけ」とくぎを刺されている。この時期まで、大学を経てプロ入りする選手は少数派だった。

随一の名門球団、巨人でさえも大学出の選手は少数派だった。

終戦直後は就職難であり、大卒でプロに行く選手は比較的多かったが、復興景気が本格化すると大卒での入団は、ひとりかふたりだけになった。しかも多くは中退者だった。

巨人軍は紳士たれ

終戦後、GHQの後押しもあって、プロ野球は急速に復興した。戦地から復員してきた選手も球界に復帰した。

娯楽に飢えていた人たちは球場に駆けつけた。戦前にはなかった「プロ野球ブーム」が到来した。

しかしそれによって、選手の引き抜きが激化した。

1948（昭和23）年に起きた「別所引き抜き事件」は「江川事件」以前のプロ野球界の最大のスキャンダルだった。南海ホークスのエース、別所《べっしょ》昭《あきら》（のち毅彦と改名）を、巨人が巨額の金で引き抜いたという事件だ。これは世間の大きな注目を集めた。

1950（昭和25）年、プロ野球がセ・パ両リーグに分裂。半ばケンカ別れのような形での分裂だったために、両リーグ間の選手の引き抜きは激化した。札束が飛び交い、ブローカーが暗躍した。

さらに現時点でも詳細は明らかになっていないが、この時期には組織的な八百長も仕組まれていた。

1946（昭和21）年に南海に復帰し、プレイングマネージャーになった山本一人（鶴岡一人から改姓）は、戦前からの主力選手が中心になって八百長を仕掛けている事実を突き止めた。背景には闇組織の関与もうかがえた。山本はその主力選手を放出し、息のかかった選手を一掃してチームを浄化した。南海だけでなく、こうした事件が日常的にあった。

プロ野球は戦前よりも繁栄したが、健全性は損なわれた。裏社会とのつながりも公然と報じられた。大学野球界や一般社会には、プロ野球をまともなスポーツではないとみなす風潮が根強くあった。

巨人の水原茂、南海の鶴岡一人など当時の球界のリーダーは、そうした風潮に危機感を抱き、プロ野球の浄化と地位向上に尽力するようになった。

■巨人軍の新入団選手内訳（1946－1954）

年度		新入団選手	
		大学出	高校出
1946	昭和21	2	3
1947	昭和22	3	6
1948	昭和23	1	6
1949	昭和24	1	11
1950	昭和25	1	4
1951	昭和26	2	6
1952	昭和27	1	10
1953	昭和28	1	12
1954	昭和29	2	17

正力松太郎の遺訓、

巨人軍は常に紳士たれ
巨人軍は常に強くあれ
巨人軍はアメリカ野球に追いつき、そして追い越せ

これには自らが生み出したプロ野球の地位向上を切願する正力の思いが込められている。

長嶋茂雄の登場ですべては変わった

しかし、プロ野球が健全なスポーツとして広く社会に認知されるにはなお数年を要した。

1958（昭和33）年、立教大学のスター選手だった長嶋茂雄《ながしましげお》が読売ジャイアンツに入団。人気が沸騰した。

すでに入団が決まった時点で後楽園スタジアムの株価が急騰したが、そのブームはかつてないものだった。

それまで朝日新聞、讀賣新聞などの全国紙のスポーツ欄では、大学野球のほうが、プロ

野球よりも記事が大きかった。

それがこの年を境に逆転した。プロ野球のほうが大きく取り上げられるようになったのだ。

このころまで、巷では「プロ野球と大学野球ではどっちが強いか」ということが真剣に議論されていた。

しかし以後は、プロ野球は日本野球のトップリーグとして広く認知されるようになった。

翌年、皇太子（現天皇）のご成婚を機に、テレビ受像機が日本の家庭に急速に普及した。長嶋茂雄は、この年の6月25日の天覧試合で劇的な逆転サヨナラ本塁打を打った。購入したばかりのテレビ受像機でこの劇的なシーンを見た日本中の人々が雪崩を打ってプロ野球ファンになった。

このころ、創刊された少年漫画誌では毎号のように長嶋茂雄の写真が表紙を飾った。長嶋を主人公にした漫画も数多く描かれた。

長嶋茂雄というひとりのプロ野球選手の登場によって、プロ野球は日本のナショナルパスタイム（国民的娯楽）になったのだ。

馬場正平が巨人軍の一員になった時代のプロ野球は「長嶋茂雄前夜」であり、プロ野球選手の地位はまだ低かった。そのためにリーダーたちはプロ野球、野球選手の地位向上を強く願っていた。見世物興行的なイメージを払拭して世間に健全なスポーツとして受け入れられたいという思いが強かった。

長嶋茂雄と馬場正平のプロ野球の現役時代は2年間重なっている。馬場はまさにプロ野球が変貌しようとする最中に、この世界にいた。

このことは今後の馬場正平の立ち位置や処遇を考えるうえで重要なことである。

今とはまったく違う二軍事情

現在のプロ野球の二軍は、イースタン・リーグとウェスタン・リーグに分かれ、セントラル・リーグ、パシフィック・リーグと同様、日本野球機構の傘下にある。イースタン・リーグはセントラル・リーグが、ウェスタン・リーグはパシフィック・リーグが運営している。試合の興行形態は主催チームによって異なる。有料の試合も無料の試合もあるが、すべて日本プロ野球機構の管理下で行われている。

しかし馬場が入団した1955(昭和30)年当時の二軍は、現在とはまったく異なるものだった。

戦後、プロ野球の興隆とともに、各球団ともに所属選手が急増した。このため選手登録をしても試合に出ることができない選手が出るようになった。

そこで日本のプロ野球にもアメリカ、大リーグに倣ってファーム制度を創設しようという機運が生まれた。

巨人は、1948（昭和23）年8月頃より二軍結成に向けて入団テストを実施。合格した選手たちで翌年6月に二軍を結成。7月に阪急、大陽と3球団帯同で北海道・東北へ遠征。以降、全国を転戦。この遠征は選手育成に大きな役割を果たした。

二軍の一期生には後にエースとなる大友工《おおともたくみ》がいた。巨人は選手数が多く、資金も豊富だったため発足当時から試合数は多かった。

1950年には米軍と立川基地内で試合をしたりしている。

阪神は1年遅れで1949年中に二軍選手を募集し、1950（昭和25）年から活動を開始した。中日の二軍発足は1951（昭和26）年。

セ・リーグ分立後にできた広島、国鉄、大洋も二軍を創設したが、広島は資金難ですぐに活動中止、二軍は解散し、選手は解雇された。他の球団も補欠の選手の寄せ集めなど、正規の二軍とは言えなかった。

パ・リーグの各球団もこの時期に二軍を創設していた。

各球団の二軍がほぼ出そろった1952（昭和27）年に、名古屋以西の球団の二軍による関西ファーム・リーグが結成される。これは日本プロ野球機構の管理下ではなく、独自に結成されたリーグだった。ただし、単独の興行はほとんど行わず、一軍戦の前に前座試合を行った。入場料はとらなかった。

二軍が解散した広島と、二軍を作らなかった近鉄を除く名古屋（中日）、大阪（阪神）、阪急、南海、西鉄、松竹に加え、二軍だけのプロ球団である山陽クラウンズ（1950年、山陽電鉄を親会社として創設）の7球団で発足。しかし山陽は1952年シーズン途中で解散。かわりに近鉄が参加した。

1954（昭和29）年、今度はセントラル・リーグのプロ球団の二軍によって、新日本リーグが創設される。

こちらもプロ野球機構とは別個の組織だった。新日本リーグは、ニックネームも一軍とは別にした。

讀賣ジュニア・ジャイアンツ
国鉄フレッシュ・スワローズ
中日ダイアモンズ
阪神ジャガース

広島グリーンズ
洋松ジュニア・ロビンス

チーム名も異なるので、ユニフォームも別になった。今、甲子園球場内の「甲子園歴史館」には、阪神ジャガース関連の資料も展示されている。

中日、阪神、洋松は、関西ファーム・リーグを脱退して、セ・リーグが新設した新日本リーグに参加。関西ファーム・リーグは西日本のパ・リーグに所属する4球団だけになった。

前述のとおり、関西ファーム・リーグは、一軍の試合の前座で試合を行っていた。収益はほとんどなかった。また、巡業、遠征もほとんど行わなかった。

新日本リーグは、1954（昭和29）年、パ・リーグが高橋ユニオンズを加えて8球団となり（セ・リーグは6球団のまま）、とりわけ関東地区に高橋、東映、大映と3球団が存在して試合を行うことに危機感を抱いたセ・リーグが設立した。

たとえ二軍戦であっても、パ・リーグから少しでもお客を奪おうとしたのだ。セ・パ両リーグはケンカ別れの形で分立したが、対立感情は4年たってもくすぶり続けていたのだ。

新日本リーグは、森永製菓が2年契約でスポンサーとなった。

しかしふたを開けてみると、関東のパ・リーグの試合はまったくの不入りで、セ・リーグの脅威とはならなかった。また森永のスポンサーがあっても、経費がかかり、新日本リーグの運営は苦しかった。

セ・リーグ側としては撤退したかったのだが、2年契約だったので翌1955（昭和30）年もリーグを続けざるを得なかった。そしてこの年に後述するイースタン・リーグも発足してしまったために、チームも重なるふたつのファーム・リーグが併存することになったのだ。

1年で終わったイースタン・リーグ

馬場が入団した1955（昭和30）年になると、プロ野球界に、野球機構の運営の下、統一したファームのリーグを作ろうという機運が高まってくる。

そしてリーグ別ではなく、東西の地区別の二軍チームで構成されたイースタン・リーグとウエスタン・リーグが結成された。

ウエスタン・リーグは、関西ファーム・リーグに所属するパ・リーグの4球団に、阪神、中日、広島が加わった。

■プロ野球二軍の離合集散（1952－1956）

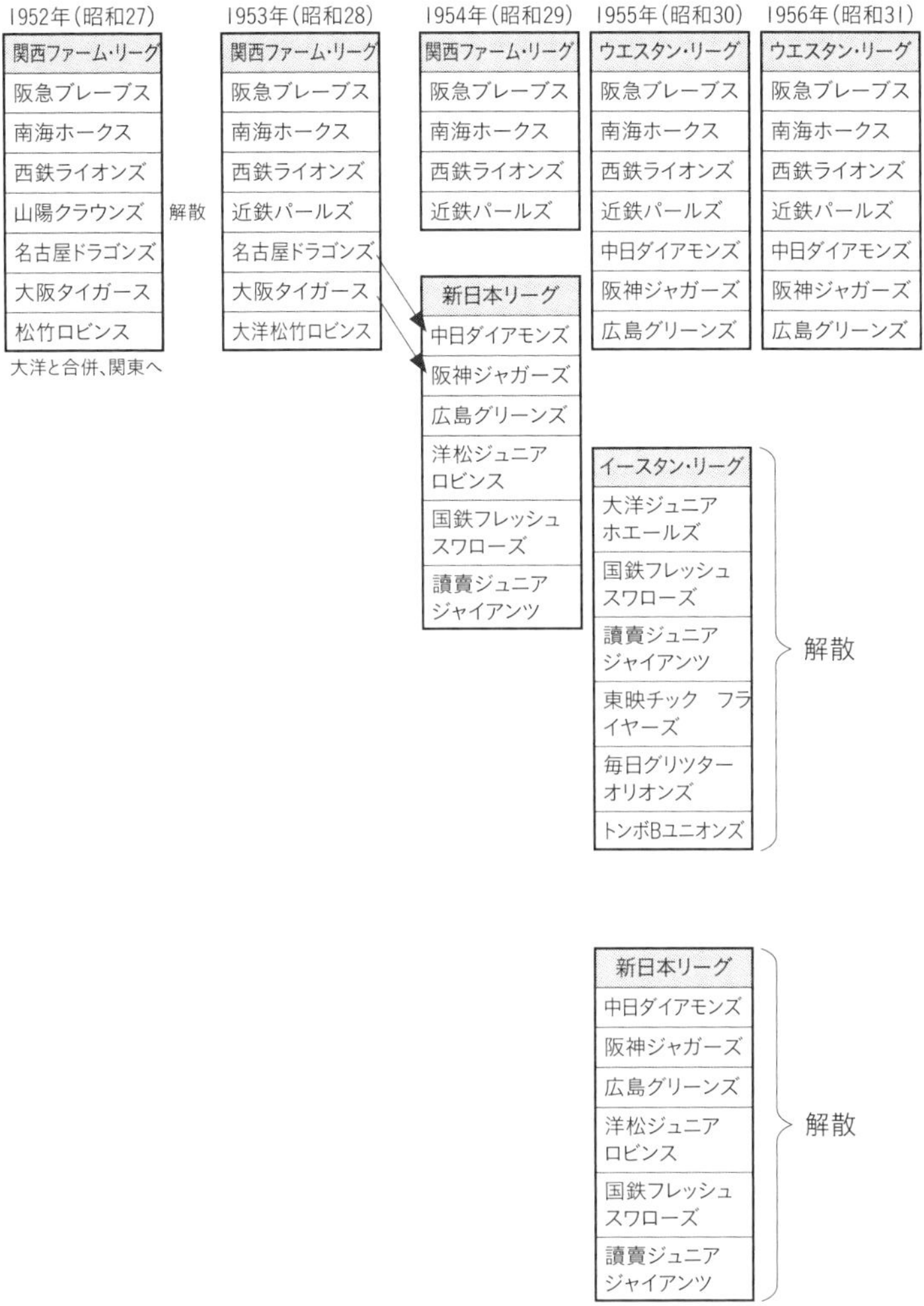

イースタン・リーグには、新日本リーグに所属する巨人、国鉄、大洋に、パ・リーグの東映、大映、毎日、トンボが加わった。

しかし前述のような理由で、ややこしいことに、新日本リーグもそのまま存続したのだ。

この年の「野球界」4月号には、

「イースタン・リーグ、ウェスタン・リーグとそれぞれハイカラな名前をつけてファーム・リーグが東西で発足した、二軍養成の必要を今更ここでいうまでもないこと。セ・パ両リーグで手をつないで出直したのは至極結構といえよう。しかしセ・リーグがこの新リーグが出来ながら、いまだに新日本リーグを解消せず、二足のわらじをはいているのはどうしたものか。随分得手勝手な話で、これと手をつないでやっている側もいい面の皮だ」

とある。

新日本リーグの複雑な事情は、当時でも一般には知られていなかったのだ。

馬場正平の1年目、巨人二軍は、イースタン・リーグと新日本リーグで試合をしている。相手チームも重複しているので非常にややこしい。

その挙句に、イースタン・リーグは1年で活動休止となる。一部球団から、中止したいという要望があった。野球界では「いつの間に消えたイースタン・リーグ」と揶揄された。興行的に成り立たなかったうえに、各球団の足並みもそろわなかったのだ。しかも、新日本リーグもスポンサーの契約切れを待って、この年限りで消滅した。

ウェスタン・リーグはこの年から現在まで存続しているが、イースタン・リーグは1961（昭和36）年に第二次リーグが発足するまで中断している。

つまり馬場正平は、1年目こそ二軍の公式戦でプレーしたが、以後、巨人軍を放出されるまで、二軍の公式戦はなかったのだ。

馬場は、最多勝や最優秀投手になったと述懐している。おそらくはそうした表彰をされたのは事実だろうが、それはプロ野球機構が認める公式戦ではなく、あくまで讀賣巨人軍内部の非公式なものだったことは明記しておくべきだろう。

一、二軍の区別が厳しかった巨人

各球団の一軍、二軍の選手の身分や扱いもまちまちだった。

南海ホークスは、シーズン中は大阪府堺市の中百舌鳥《なかもず》球場《きゅうじょう》横の一軍合宿所に二軍選手も住まわせた。調子が良い選手がいると、即日一軍に上げた。一、二軍の選手の交流は頻繁だった。

阪急ブレーブスや東映フライヤーズは、一、二軍の区別がなかった。その試合ごとに選手が登録された。

これができたのは、関西のパ・リーグ球団は、二軍が遠征をせず、一軍と帯同するか、本拠地にいたからだ。

関東の球団の二軍は、巨人と帯同して遠征に行く以外は、本拠地にいた。イースタン・リーグが消滅してからは、関東のセントラル・リーグの球団の中には、二軍がない球団もあった。大洋ホエールズなどは、合宿所はひとつで、試合に行く選手と「残留軍」という形でその都度分けられた。

しかし巨人だけは一、二軍を厳格に分けていた。巨人の一軍と二軍は別個に全国に遠征をし、シーズン中一緒にいる期間は少なかった。

巨人では、春季キャンプで一、二軍が選別される。二軍の選手は、多摩川畔にある二軍の合宿所に入る。同じ敷地内に一軍の合宿所もあるが、一、二軍選手は生活時間帯が違うので、一緒に活動することはない。選手の交流もあまりなかった。１９５７（昭和32）年オフに起こった「水原あやまれ事件」までは、一軍、二軍は疎遠だった。事件後、少し緩和されたという。

ただし食事などの待遇面での差はほとんどなかった。
一、二軍の入れ替えは巨人の場合、非常に少なかった。

水原監督など一軍の指導者と、新田恭一など二軍の指導者は、別個にグループを作り、反目していたからだ。この派閥争いに馬場正平も巻き込まれていくことになる。

また二軍も興行的に成立していたため、二軍の側が主力選手をシーズン中に引き抜かれることに難色を示すこともあったようだ。
一、二軍選手の入れ替えは、二軍の恒例行事になっていた北海道遠征の前後に行われることが多かった。
多くの選手は春のキャンプで二軍行きを告げられると、その年のシーズン終了まで二軍暮らしを覚悟しなければならなかった。

反対に、一軍に引き上げられると、調子が悪くても落とされることが少なかった。中には、戦力とはみなされないまま一軍の試合に帯同し、打撃投手やブルペン捕手、用具係のような役割を務めながら、ほとんど出場機会がないままシーズンを終えることも多かったのだ。

二軍の選手は合宿所に一軍選手が来るとバッティングピッチャーなどに駆り出されたり、一軍選手の身の回りの世話をさせられたりすることも多かった。それは若手選手にとっては勉強にはなったが、一軍選手が来ると自分の練習ができなくなると嘆く選手もいた。

一軍と二軍の身分格差は大きかったのだ。

なかには捕手の山崎弘美《やまざきひろみ》のように、9年間在籍して一軍の試合出場はわずか2試合という選手もいた。山崎は現役時代から二軍の世話役のような役割を務め、引退後はスコアラー、マネージャー、スカウトとして半世紀以上巨人で働いた。

山崎同様に、二軍暮らしの選手の中から、引退してからも巨人の裏方として様々な役割で働いた人材がたくさん輩出した。

そういう意味でも、当時の二軍は裏方の人材の宝庫だった。

現在の巨人の二軍は、頻繁に一軍との入れ替えがある。ベテラン選手が二軍で調整することも多い。一軍に呼ばれた二軍選手は、マネージャーから飛行機のチケットを渡され、翌朝には一軍と合流する。

しかし当時、一軍昇格を命じられた選手は徹夜で夜行列車を乗り継いで一軍に合流することもあった。

馬場正平は、こういう時代に讀賣巨人軍に入団した。

8章
プロの壁

多摩川寮に入る

馬場正平は、1955（昭和30）年1月15日、讀賣巨人軍に入団した。本人は18日と言っているが、「東京読売巨人軍50年史」には15日とある。

身体検査のときは、母と野球部の渡辺剛部長が同行したが、このときは、ひとりで上京し契約した。

馬場は「新潟県出身のプロ野球選手は私がはじめてだ」と述べているが、馬場以前にも新潟県出身の野球選手は少数ながらいた。

アマ野球の最高峰、函館オーシャンのエースだった橋本隆造《はしもとりゅうぞう》、早稲田大学のエース石黒久三《いしぐろきゅうぞう》は、高校時代に馬場正平が負けた長岡高校（旧中学）の出身。

プロ野球選手としては、1948（昭和23）年から4年間、金星、大映の一塁手だった高田中学出身の渡辺一衛《わたなべかずえ》が最初。さらに1953年から5年間阪急に在籍した投手の高頭時夫《たかとうときお》は長岡商。

馬場と同じ巨人にも1952（昭和27）年に杉本定介《すぎもとさだすけ》、翌1953年に鈴木実《すずきみのる》とふたりの投手が在籍していた。ともに新潟高出身。ふたりとも馬場の入団時には退団していた。新潟県三条市出身のプロ野球選手は馬場が最初だが、はるか後年に、当代のオリックス・バファローズのエース、金子千尋《かねこちひろ》が出ている。

馬場は多摩川寮に入寮した。正式には「讀賣巨人軍新丸子寮《よみうりきょじんぐんしんまるこりょう》」という。旧住所は川崎市丸子通1-47。東急東横線新丸子駅の北東、多摩川河畔。この年の6月にできる巨人軍の多摩川グランドの対岸にある。1940（昭和15）年頃に建てられ1967（昭和42）年まで使われた。木造二階建て。川上哲治や千葉茂、青田昇もこの寮で寝泊まりした。馬場が入団時の寮長は武宮敏明《たけみやとしあき》だった。馬場が入団した年のオフには、階段の下に大きな鏡が取り付けられた。

現在では、野球協約で12、1月の2か月はポストシーズンと決められており、チームとしての練習はできないが、この時期の巨人は入団3年目までの選手は1月15日から多摩川で練習を開始していた。高校在学中の新人は、参加できなかったが、高校中退の馬場と、同志社大学中退の国松彰、青木稔《あおききみのる》はこの練習に合わせて入団契約をしたものと思われる。

後述するが、この年の巨人軍の主力は2月2日から中南米遠征に出かけた。そのための合同練習が東京都文京区弥生の東大球場で行われた。馬場たち新人もこれに狩りだされた。

大学中退組の国松と青木は、中南米遠征組に選ばれたが馬場は選ばれなかった。

馬場正平には東京での身寄りはなかったが、前述した前田豊実の姉で、モルモン教三条教会の信者仲間だった前田照実が、東京にいた。照実は東京、広尾にあるモルモン教本部に勤めていた。後に同僚の男性と結婚をして勝又姓になる。彼女が実質的に身元引受人のようになった。馬場は日曜ごとに彼女の家を訪ねた。モルモン教の礼拝も引き続き行っていたものと思われる。

前田照美は、水原監督が歓迎会を開いてくれたのを覚えている。馬場と照実、水原監督が正面に座り、左右に巨人の選手やスタッフが並んでいたという。場所の記憶はない。多摩川寮だったのではないか。

串間キャンプで巨体を現わす

前年、ペナントを中日に奪われた巨人は、不退転の決意でシーズンに臨んでいた。水原茂監督は、この年より水原円裕《のぶしげ》と改名。

さらに、2月2日から主力選手による中南米遠征を実施した。前年もオーストラリア遠征を実施したが、この時は慰安旅行を兼ねてのものだった。

しかしこの年の遠征は、3月16日まで26試合を戦う本格的なものだった。相手は大リーグ機構の下部組織に所属するマイナーリーグの選手が大半で、巨人は8勝18敗に終わる。しかし、広岡達朗など若手選手にとっては、パワーとスピードにあふれた本場の野球は大いに刺激になったようだ。

前述したようにこの遠征に選ばれた新人は、大学中退組の国松と青木だけ。その他の新人選手と海外遠征組から漏れた留守組の選手は、この年からはじまった宮崎県串間市のキャンプに集結した。留守組には千葉茂、藤本英雄などベテラン選手もいた。

同期の選手たちの大部分は、このときに馬場正平をはじめて目の当たりにした。

キャンプでも馬場正平は注目の的だった。

「野球界」には「巨人軍の巨人　馬場投手と一問一答」という記事が載った。

☆正確無比な身長、体重を教えてください。

馬場：飯田橋の竹村先生のところで計ったときは、六尺三寸五分とのことでしたが、身長計が五尺九寸ぐらいまでしかなかったので、あとは物差しを足して計ったのです。体重は二四貫五百。

☆靴の大きさは？

馬場：十三文半です。スパイクも同じです。
☆手の大きさは？　ボールをいくつ握れますか？
馬場：中指の先まで九寸です。ボール五つですね。
☆そんなに手が大きかったら、ボールはなんでも楽に投げられるでしょう。
馬場：まだ直球だけですよ。カーブなんて一度も投げたことないですよ。
☆手のわりにグローブは小さいですね（キャンプで使用している馬場君のグローブは、普通のと同じ大きさで、グローブが手袋のように見える）。
馬場：あまり大きいグローブ使うと、球を捕っても中から引き出しにくいんですよ。それに、グローブを大きくしたら重いもの…。
☆プロ野球に入ってから一番驚いたことは？
馬場：とにかく毎日ランニングをさせられることですね。走ることは苦手です。
☆尊敬している選手は？
馬場：巨人軍では千葉（茂）さんと松田（清　投手）さん。
☆ではあこがれの大選手は？
馬場：杉下（茂）さん、別所（毅彦）さん。
☆巨人なるが故にいままで起こしたできごとで、一番困ったことは？

1955年の串間キャンプでランニングをする馬場
（前列左）。（「野球界」より）

馬場：そうですね、高校時代、バスケットのゲーム中、相手選手の足をふんだら、その選手の足がつぶれて、一週間以上医者に通わなければならなくなったことです。

また二軍の主将格の山崎弘美はこんなコメントを残している。

「今日の練習でグラウンドを五周しただろう、三周目から後ろのほうで、汽車がダッシュするような、グウッグウッとへんな声がしたろう。あれは馬場の呼吸なんだってさ、一番後ろにいるのが、一番先頭の者の耳にまで聞こえるなんてのははじめてだぜ」

評判芳しくない新人

にぎやかな話題を振りまきはしたが、野球選手としての馬場正平の評価は芳《かんば》しいものではなかった。

この年の新入団選手で最初に期待されたのは同志社大中退の国松彰だった。１８０センチの長身左腕。球の素性が良いとされた。また大学時代は一塁手を掛け持ちして中軸を打っていただけに打撃もよく、投手、野手のいずれで起用すべきか、という議論が起こった。新人ながらこの年、一軍で８試合に登板している。

岐阜高校出身の捕手、森昌彦は当時珍しかった右投げ左打ち。打撃の良さで注目された。

彼も1年目に一軍に1試合出場。

兵庫県農業短大付属高出身の木戸美摸《きどよしのり》は、171センチの小兵ながら、勢いのある球を投げることで、注目を集めた。木戸は2年目には一軍に昇格し、3勝を挙げる。

馬場正平には、そうした評判が立つことはなかった。巨体ゆえに、動きが鈍かったし、フィールディングもよくなかった。球も速くはなかった。本人もインタビューで答えている通り、めぼしい変化球もなかった。

ここからは推測だが、馬場正平は野球選手としての基本的なことができていなかったのだと思う。

何しろ硬球をはじめて触ったのは、巨人入団の1年前。野球部で活動したのは3か月に過ぎない。

しかも、そのレベルは地方大会の1回戦で負ける程度。本来なら、プロ野球入りなどあり得ないクラスの選手だったのだ。スカウトや首脳陣は、馬場の巨体に可能性を感じ、獲得した。当時の記事にも「まだ海のものとも山のものともわからない」というのがある。

おそらくプロ野球のコーチが見れば、その技術、経験値の低さはすぐにわかったことだろう。

中南米遠征組の巨人主力が日本に帰ってきたのは3月になってからだが、その時には馬場は二軍行きが確定していたようだ。

キャンプが終わって、馬場正平は巨人軍の多摩川寮に戻ってきた。

多摩川土手

加藤克巳は、馬場と同年に入団した捕手。中京商ではのちに中日のエースになった中山《なかやま》俊丈《としたけ》とバッテリーを組んで甲子園で優勝。同期入団の選手の中では名を知られた選手だった。今も多摩川河川敷に近い川崎市に健在。当時の話を聞いた。

加藤が馬場正平とはじめて会ったのは、串間キャンプだった。

「大きなどてらを着ていました。でかいのでびっくりしました。動きが鈍かったのは覚えています」

巨人の一軍の投手コーチの谷口五郎は週に3回くらい、朝9時頃に合宿に来た。

「谷口さんは来ると『馬場!』と呼んで、合宿の前の土手を30分くらい駆け上がらせるんです。足腰が弱かった馬場だけにそれをやらせた。もう汗びっしょりになって、夏なんか靴に汗が溜まって、田んぼの中を走ってるみたいにじゃぼじゃぼ音がしました。

寮の2階から谷口さんがやってくるのを見つけて誰かが『谷口さん、来たぞ!』というと、馬場が窓から顔を出して見ていました。よっぽど嫌だったんでしょうね」

前述のように、谷口はスカウトとして馬場を獲得したひとりである。前年11月の馬場の身体検査にも立ち会っている。この時から「馬場を鍛えてやろう」と思っていたのだろう。

この年の6月まで、讀賣巨人軍は専用のグランドがなく、丸子橋のたもとの合宿所前の空き地で練習をしていた。水道もなく、選手は川の水を運んだ。石ころだらけで、練習にならなかった。

6月11日に、合宿所の川向こうに多摩川グラウンドが開場した。多摩川河川敷の国有地33，459平方メートルを、建設省関東地方建設局から3年更新で借り受けたものだ。多摩川グランドになっても水道はなかったが、ポンプで川の水を引くようになった。

多摩川グランドで聞いたポンプの発動機の音を記憶している選手も多い。

「当時の練習は、午後1時からでした。午前中はありません。ランニングして、キャッチボール、トスバッティング、フリーバッティング、シートノックして、投手は投球練習をして。今みたいに打者はこれ、投手はこれという細かなメニューはありませんでした。

雨が降ると室内練習場はありませんでしたから、丸子橋のガード下で体を動かした程度で終了です。みんな雨が降ったら喜んでね。ぽつん、とくると『降れー、降れー（雨を）引っ張れー』と言ったものです。

でも雨で試合中止になると、一軍のローテーションピッチャーがやってくる。別所毅彦さん、大友工さん、中尾碩志さん。僕はそういう投手に指名されて、丸子橋のガードの下で球を受けました。だから雨になってもあまり楽はできなかった。

馬場とはよくキャッチボールもしましたが、スナップスローができなかった。指の腹でボールを投げていた。まだ試合で投げられる状態ではなかった。

シーズンがはじまると僕らは二軍戦に出かけました。巨人は人数が多いから、ゲームに行かない人が10人くらいいいた。1年目は馬場も試合にはあまり同行しなかった。行かない人は何をしていたんだろう、と思いますね」

二軍戦デビュー

記録を見れば、加藤克巳は4月23日に川越市初雁球場で行われたイースタン・リーグの国鉄戦に二番捕手で出場。内田昌三《うちだしょうぞう》、三浦方義《みうらまさよし》の球を受けている。これを皮切りに加藤は、森昌彦、山崎弘美との併用で起用されている。馬場の名前は出てこない。

しかし6月22日、川崎球場で開かれたイースタン・リーグ、大洋との3回戦で、馬場は先発している。おそらくはこれが2軍のデビュー戦だろう。

この時の捕手は森昌彦。戦評には「馬場が長身から投げ下ろす球にはさしてスピードがなく、武器のアウドロも有効ではなかった」とある。覚えたてのアウトドロップも投げたのだろう。2回に犠牲フライで1点を奪われ、5回には馬場のけん制悪送球からピンチを広げ、タイムリーを打たれて降板している。

6月22日　川崎　イースタン・リーグ
巨人 000 101 010…3
大洋 010 010 000…2
馬場、○西田—森

5回二死2失点が、プロ最初の試合の成績だった。味方が逆転したために負け投手にはなっていない。

この時期になると同期入団では外野手の十時啓視が快打を連発して注目される。

前述のとおり、巨人の二軍はこの年、新日本リーグにも参加していた。7月17日、土浦市営球場での大洋との2回戦で同じく新人の先発・東口《ひがしぐち》義松《よしまつ》の後を受けて8回から登板。安打を打たれるが相手の拙攻もあり、無失点で切り抜けている。捕手は山崎弘美。

7月17日　土浦市営　新日本リーグ　9回戦
大洋 000 001 000…1
巨人 010 020 02A…5
○東口、馬場―山崎

日にちははっきりしないが、7月下旬に巨人軍多摩川球場で行われた大洋戦にも登板している（記録は不明）。

残っている記録では、初年度の馬場正平の登板は3試合だけ。

この年も恒例で8月にはリーグ戦とは別個に東北、北海道遠征が行われたが、馬場は帯同していない。この遠征に参加した加藤克巳も「馬場は来なかったと思う」と述懐している。

イースタン・リーグは、9月2日、全日程を終了。巨人は24試合で12勝12敗の5割、3位に終わった。

9月18日にはイースタン・リーグのチームをセ・パに分けたオールスター戦が行われた。巨人の新人では、内野手の工藤正明、外野手の小寺《こでら》好雄《よしお》、河野《こうの》正《ただし》、捕手の森昌彦が出場しているが、馬場は出ていない。

この年の二軍監督は慶應義塾大出身、打撃理論で知られる新田恭一、二軍コーチは捕手出身の内堀保《うちぼりたもつ》だった。

この年を最後に、関東地区の二軍のリーグ戦は5年間行われなくなる。

翌年以降は、各球団の二軍が対戦相手を求めて転戦し、独自に試合を行うだけになる。

今わかっている馬場の二軍の1年目の成績は、記録の判明している2試合で6・2回、自責点2、防御率2・57、勝敗つかずというものだ。

素人同然で入団して、曲がりなりにも試合で投げることができたのは収穫だが、フィールディングにも問題があり、二軍でも戦力とは言えなかった。

1955（昭和30）年、巨人はペナントレースを中日から奪還する。日本シリーズも南海を4勝3敗で下す。別所毅彦が古巣南海から3勝を挙げて、シリーズMVPに輝いた。シーズンのMVPは、首位打者、打点王を獲得した川上哲治だった。

まだ「スタミナ不足」の2年目

1956（昭和31）年、巨人の二軍監督には、前年引退したばかりの藤本英雄が就任。38歳。日本初の完全試合を記録した大投手だ。

新入団は、

投手　高橋正勝　四日市
　　　義原武敏　米子東
内野手　藤本　伸　山口
外野手　坂崎一彦　浪華商

の高卒4人だけ。

高橋正勝《たかはしまさかつ》は前年の甲子園優勝投手だが、一軍では0勝。のちに長嶋茂雄のバッティング投手になる。義原武敏《よしはらたけとし》は巨人、近鉄で33勝、藤本伸《ふじもとしん》は巨人で通算172安打8本塁打、坂崎一彦《さかざきかずひこ》は同じく755安打75打点ベスト9一度と一軍で実績を残している。スカウトの〝選球眼〟は優秀だったのだ。

この年のキャンプは、1月15日から30日まで、多摩川グランドで3年生以下の全選手、2月1日から5日まで、同球場で一軍全員。明石球場では2月1日から二軍、7日から19日まで全員参加で合同キャンプ、2月20日から28日まで高松球場で全員参加、という複雑なスケジュールで行われた。

馬場の評価は前年より少しマシ、という程度だった。

「野球界」の二軍選手の寸評では、新任の藤本二軍監督は、木戸美模を「一軍に昇れる器」と評価。

寮長兼務の武宮敏明コーチは、

「いま、一番いいのは、加藤（克巳）です。中京商高の出身ですが、インサイド・ワークは一番優れているでしょう。ただ身長が五尺五寸ほどで、一寸小柄なのでバッティングの方が一寸落ちる。これは気の毒です。しかし肩もいいし、キャッチャーとしては優れた感覚を持っていります」と捕手出身らしい評価をした。

馬場正平の寸評は、

「将来の大器と藤本二軍監督は太鼓判を押している。まだ肩の筋肉など幼稚園級だそうだ。性質も素直で先輩のお教えを忠実に守っているので、目下順調に育っているというところだ。ただ、肩の筋肉が非常に弱いので、すぐ過労になりがちで、内堀コーチが、実に親切に馬場投手の疲労を計算してやっている。二、三日の休養を取って投げると、またスピードが出るということだ。野球界切っての大型投手に、というのが彼の抱負」

とある。

日本の投手は、伝統的に「投げ込み」で肩を作ってきた。現代では過度の投げ込みは、投手寿命を縮めるというのが定説になりつつあるが、昭和中期までは、投手の肩は投げ込みを続けることで鍛えられ、球速も制球もつくとされていた。硬式球での野球経験が浅い馬場正平は、投げ込みが足らなかった。だからスタミナもなく、球速も上がらなかった。「幼稚園児」という表現はこれを表していると思われる。

2年目も馬場正平は二軍でスタートした。

藤本英雄二軍監督は、馬場正平に目をかけて、親身になって指導をした。

馬場には、谷口五郎、藤本英雄、新田恭一、千葉茂などそうそうたる実績の指導者が期待をかけ、熱心に指導したが、これはずばぬけた巨体に加えて、馬場正平の素直な性格があったからだろう。巨人軍時代のチームメイトにも、馬場をあしざまにいう人は皆無だった。

多摩川寮での生活にも慣れた馬場は、練習が休みの日などは、当時神田にあったモルモン教徒仲間の前田照実の家をよく訪れた。

郷里では家族のような付き合いだった照実は、馬場がやってくると手料理でもてなした。照実の家で見せる素顔は、新潟時代とまったく変わらなかった。愚痴《ぐち》や泣き言はほとんど言わなかった。

この年の明石キャンプで馬場正平は、後の夫人となる伊藤元子《いとうもとこ》と出会っている。自伝では前年の1955（昭和30）年となっているが、この年に明石ではキャンプは行われていない。

元子の父、1956（昭和31）年が正しい。

伊藤悌《いとうやすし》は実業家で巨人の明石市の有力後援者だった。馬場をはじめ巨人軍ナインは伊藤邸に招かれて食事をしたが、元子が馬場の足のサイズに合う大きなスリッパを用意したことから交流がはじまり、のちに結婚へとつながったという。

遠征にも参加する

前述のように1956（昭和31）年のシーズン、関東では二軍のリーグ戦は行われなかった。各球団は、個別に試合を組んで、実戦経験を養った。選手数が多く、資金的にも圧倒的に潤沢だった巨人の二軍は、前年と変わらない試合数を消化した。

2年目になり、馬場正平は他の二軍の顔ぶれに伍《ご》して各地を転戦するようになる。

まず、6月16日、多摩川球場開設1周年と銘打った在京六球団新人トーナメント戦で、馬場は大映戦に三番手投手として登板。4回を1失点に抑え、6三振を奪う。特にカーブが光っていると評された。捕手は加藤克巳。試合は1対6で敗れる。

6月16日　巨人軍多摩川
大映　1 0 1　1 2 0　1 0 0…6
巨人　0 0 0　0 0 0　0 1 0…1
土岐、守、馬場―加藤

翌日の大洋戦でも三番手投手として投げる。投球内容は不明だが馬場に勝ち星がつく。試合は3対2で勝つ。

6月17日　巨人軍多摩川
大洋　1 0 0　0 0 0　0 1 0…2
巨人　1 0 0　0 0 0　0 0 2A…3
添島、山田、○馬場―加藤

ここから巨人軍は恒例の東北、北海道遠征に出る。6月28日には会津若松の国鉄戦に2番手として登板。馬場に勝ち星がつく。捕手は島田博《しまだひろし》。試合は4対1で勝つ。

6月28日①　会津若松
巨人 000 000 004…4
国鉄 000 000 100…1
松下、○馬場―島田

7月3日には、秋田県大館市の中日戦で先発。2回に6失点。捕手は加藤克巳。試合は7対8で負ける。

7月3日　大館
巨人 000 102 400…7
中日 060 001 001A…8
馬場、国松、添島―加藤

当時の二軍遠征は、国鉄を伴うことが多かった。国鉄と一緒であれば、運賃を割り引きしてもらえた。各チームはそれぞれ一両ずつ専用車両をあたえられ、これで移動した。
「二軍の遠征は過酷だ」という声もあったが、修学旅行のような雰囲気で、しかも北海道各地の名産品が食べられるとあって、楽しみにする若手選手も多かった。のちに巨人軍代表になった湯浅英が同行した。

この年は、小樽、美唄、砂川町、名寄、旭川、北見、釧路、帯広、函館と11日間で巡っている。この間、馬場は投げていない。

加藤克巳は「馬場は55、56年と北海道遠征には行かなかったんじゃなかったか」と言ったが、同行した可能性もある。

この年の「野球界」に、二軍の北海道遠征中に、巡業中の大相撲一行と顔合わせをしたエピソードが載っている。

大相撲側から「お手合わせ」を所望されて馬場正平が土俵に上がり、5尺7寸（173センチ）、21貫（79キロ）の小兵重量と対戦。

「これはどうじゃ。押せども、突けどもビクともしない。

しばし苦闘の馬場選手、流汗りんりで『うーん』とうなりながら、

『やっぱり餅は餅屋です。ぼくなんど、球もよう投げられんのに、人間を投げるとは、大それたことでした。まいりました』」

とのことだ。他に類似の記事がないので真偽は不明だが、北海道で投げなかったのは、肩やひじの調子が思わしくなかったのかもしれない。

なお、馬場と同期の投手・添島時人は、北海道遠征で好成績を上げたことを評価され、7月26日の宇都宮での一軍の大洋戦に呼ばれた。当日朝9時、上野駅での集合だったが、添島は来ない。仕方なく添島をおいて、宇都宮に一行が着いてみるとそこで添島が待っていたという。上野と宇都宮を聞き間違えた添島は、午前3時に起きて一番電車に乗ってようやくの思いで宇都宮にたどりついたという。当時、一軍に呼ばれることが、若手選手にとってどれほど心躍ることかがわかるエピソードだ。

馬場は8月29日の大曲での国鉄戦に国松の後を受けて二番手で登板。投球内容は不明。捕手は加藤克巳。試合は4対1で勝利。

8月29日②　大曲
国鉄　000　000　100…1
巨人　310　000　00A…4
国松、馬場—加藤

9月5日には、多摩川の毎日戦で二番手として投げている。捕手は加藤克巳。試合は引分。

9月5日 巨人軍多摩川
毎日 000 010 000 000…1
巨人 100 000 000 000…1
高橋、馬場、松下、添島―加藤

9月16日、小山での国鉄戦に先発、投球内容は不明。捕手は棟居進《むねすえすすむ》。

9月16日② 小山
国鉄 105 200 000…8
巨人 103 000 030…7
●馬場、山田、土岐―棟居

おそらく、これ以外の試合も組まれていただろうが、馬場は少なくとも7試合に登板、そのうち2試合に先発し、2勝1敗だった。

少しだけ成果があった2年目

1956（昭和31）年の巨人一軍は、大阪タイガースに4・5ゲーム差をつけて優勝。MVPには27勝で最多勝を獲得したエースの別所毅彦が受賞した。しかし日本シリーズでは、巨人は西鉄に2勝4敗で敗れている。

馬場正平は、前年よりは進歩したといってよいだろう。しかし同期入団の十時啓視は一軍で32試合出場、初本塁打も打った、森昌彦は一軍で13試合出場。国松彰は2試合登板、青木稔も5試合登板と、同期生が次々に一軍で名乗りを上げつつあった。

馬場より1年後輩のこの年の新人選手はさらに優秀で、坂崎一彦が86試合で1本塁打、義原武敏は34試合登板で6勝と先輩を追い越して主力クラスになろうとしていた。

チームの若返りも進んだ。いくら若年とはいえ、馬場正平も、そろそろ頭角を現すときがきた、と思ったに違いない。

しかし、この年のオフ、馬場正平は文字通り、目の前が真っ暗になるような体験をするのである。

9章 大手術

大きな〝記憶違い〟

1章でも述べたが、この本のための調べを進めていくうちに、馬場正平の自伝と食い違う事実がいくつも出てきた。

自伝は、馬場がセレブとしての地位を確立してから出された。当然、ゴーストライターがいるのだが、ライターは基本的に馬場正平の話を忠実に文章化したはずであり、事実関係の裏どりをしてそれを正すことはできなかったと思われる。

馬場正平はメモや資料を見ながら話したのではなく、自分の記憶に基づいて話したのだろう。誰にでも過去についての思い違いはあるものだ。

前にもふれたが、馬場の間違いも、何らかの意図を持ったものではなく、単純な思い違いだ。

その思い違いによって、馬場の業績や評価が大きく変わることはない。

しかしながら、これから述べる脳下垂体腫瘍の手術の時期だけは「野球人　馬場正平」

を論ずる上では、ちょっと大きな問題となる。

馬場正平は、ふたつの自伝で、脳下垂体にできた腫瘍の除去手術は、1957（昭和32）年12月に行ったとしている。

私もそれをベースに資料を探していたのだが、原稿締め切りも近い時期になって、1957（昭和32）年2月の「ベースボール・マガジン」に、「馬場投手の大手術」という小さな記事を見つけた。

「巨人中の巨人である六尺四寸の馬場投手が大手術をした結果、経過良好ということである。馬場の視力が衰えたのは〝脳下垂体の異常発達〟というものだそうで、この治療には頭のテッペンを切って、脳の内部に大改造を加えようという大掛かりなものだった」

この記事には混乱した。雑誌や新聞には往々にして記載ミスが見られる。しかし、この年の暮れに起こったはずの出来事を2月に記事にできるはずがない。

そこで東京労災病院院長の寺本明《てらもとあきら》に再度依頼し、馬場の手術の年月日を調べてもらった。果たして、馬場が脳下垂体の手術をしたのは1957（昭和32）年ではなく、1956（昭和31）年の年末だった。

馬場の野球選手としての経歴は、これまで、巨人に入ってから少しずつ実力を蓄え、1957年には一軍で投げることができるまでになったが、好事魔多しで、失明の危機に見舞われ手術を受けた、ということになっていた。

しかし実際は、まだ野球選手としては未熟で、実力養成途上だった56年のオフに手術を受けたのだ。そして翌年、馬場はキャリアハイの成績を残し、一軍にも昇格するのだ。こちらのほうが、ストーリーとしては自然だ。

実は、1979（昭和54）年に発刊された越智正典《おちまさのり》著『多摩川巨人軍』の中で、馬場正平は巨人軍に入って2年目（つまり1956年）に脳下垂体の手術をすることになった、とはっきりと述べている。

越智正典はNHK、日本テレビで活躍した著名なスポーツ・アナウンサーだが、二軍の取材をライフワークとして50年代から長期にわたって執筆活動をしてきたジャーナリストでもある。巨人軍の多摩川同窓会にも何度も出席している。いわば身内に近い。越智と馬場の信頼関係は篤《あつ》かったはずだから、これに偽りはないだろう。

馬場と巨人入団が同期で親しかった捕手の加藤克巳も「馬場が手術したのはずいぶん早かった」と言った。

さらに後述する翌57年の「ベースボール・ジャイアンツ・ファン」にも「病後幾何もない馬場投手が、元気な人々に交じって（キャンプで）一生懸命に走っている」という記事がある。

手術をした当時はニュースにもなり、周知の事実だった。

しかし、いつしか馬場の記憶の本棚に整理ミスが生じたのだろう。そして十数年後には事実と異なることを話すようになったのだろう。これもよくあることではある。

馬場正平は、1956年中に何らかの異状を来たし、手術を受けるに至ったのだ。

視力の低下と巨人症

前章で述べたように、馬場正平は、1956（昭和31）年の夏、北海道遠征に同行しながら一度も投げなかった。この時期、視力など何らかの障がいが出ていたのかもしれない。

しかし本格的な症状が現れたのは、この年のオフに入ってからのはずだ。

馬場は、手術をした経緯について2通りの説明をしている。

ひとつは自伝や先に紹介した「ベースボール・マガジン」にある通り、視力に障がいが出たというもの。

「シーズンオフになって視力が落ちて行くのがわかりました。5メートル先も見えなくなったんです。あわてて病院に行きました。そうしたら『脳下垂体が視神経を圧迫しているので、手術をしなければ目が見えなくなる。手術しても完全に治る可能性は1％ぐらい』というんですよ、絶望しましたね」（『16文の熱闘人生』）

もうひとつは、背が伸び続けるのを抑えるため、というもの。先出の越智正典著『多摩川巨人軍』では、

「わたしは背が大きくなりすぎ、これ以上大きくなると野球の選手としてはだめだ、ということになり（中略）頭を切り開いて脳下垂体の手術をすることになりました」とある。

また11章で登場する馬場の後輩の巨人軍投手・小松俊広《こまつとしひろ》は、

「たしか、この年、長野県かどこかで巨人症の人が28歳で死んでいるらしいんです。馬場さんはそれを聞いて、手術をする気になったそうです」

と述べている。

2章で紹介した通り、下垂体性巨人症のメカニズムは1956（昭和31）年の時点ではほぼ解明されていた。しかし、希少な病気だったために、一般の人はほとんどそのことを知らなかった。

馬場の東京での身元引受人のようになっていた前田照実は、このときの馬場正平の手術に立ち会っているが、

「正ちゃんが体が大きいのは、巨人症という病気のせいだったと、そのときにはじめて聞きました。ずいぶん驚きましたね」

と言っている。

もちろん、馬場正平自身も、執刀医の東大医学部教授・清水健太郎から、自分の病名をはじめて聞いたのではないかと思われる。そして、開頭手術をして腫瘍を除去すれば、目が見えるようになるだけでなく、これ以上身長が伸びるのを抑えられる（可能性がある）ことも、そのとき知ったと思われる。

手術の後になって、馬場は「巨人症の進行を抑えるため」という合理的な説明をするようになったのではないか。

だとすれば、このふたつの説明には大きな矛盾はないだろう。

成功率1パーセント

改めて、馬場の手術に至る経緯をたどっていこう。

馬場正平は、オフシーズンになって視力の低下に驚いて、合宿に近い田園調布の病院に行った。しかし、

「ウチでは手に負えない、警察病院に行きなさい」

と言われて、当時千代田区富士見二丁目にあった警察病院に行った。ここで「脳下垂体の

腫瘍」について知らされ、「あんた、按摩《あんま》さんになりなさい」と言われる。

そこで、東京大学医学部第一外科教授の清水健太郎を訪ねた。

清水健太郎は当時の脳外科の権威だった。日本でも脳神経外科を確立する必要性を痛感し、1962（昭和37）年には、弟子の佐野圭司《さのけいじ》を東大医学部助教授にし、初代脳神経外科部長にした。いわば日本の「脳神経外科の生みの親」ともいうべき存在だった。

2章で登場した東京労災病院院長の寺本明は、佐野圭司の弟子であり、直接の面識はないが、清水から見れば孫弟子にあたる。

手術については、寺本明への取材に基づいて紹介する。

「馬場正平は警察病院で眼科検査をして、左目の視力が落ちていると言われたようです。そこで紹介状をもらって清水先生を訪ねた。

当時の東京大学医学部教授といえば、『象牙の塔』の頂点です。ヒエラルキーがすごかった。一介の庶民がいきなり訪ねて行って診断を受けたり、手術をしてもらうことはありえなかったと思います。

でも、清水先生は馬場の脳や病気に興味があったのでしょう。だから執刀することにしたのだと思います」

補足するなら、清水健太郎は当時、東京大学野球部部長を務めていた。大の野球好きだったのだ。さらに、東京六大学連盟の理事長でもあり、この年の春季シーズンに首位打者を取った立教大学の長嶋茂雄にトロフィーを授与したりもしている。

野球ファンの脳外科医だった清水は、巨人軍に巨人症らしき選手が入団したことは、知っていた可能性が高い。

下垂体性巨人症への知的興味と、野球選手に対する親近感があって、馬場の執刀医を引き受けたのではないか。

しかし、当時、開頭手術は「半ば死ぬこと」を意味していた。

寺本は続ける。

「私が医師になったのは約40年前ですが、その10年ほど前まで、開頭手術ではばたばた死んでいました。おそらく3、4人にひとりは死んでいるか深刻な障がいが残ったはずです」

馬場が医師に、手術に成功しても目が見えなくなるかもしれないと言われたのは、決して大げさな話ではなかったのだ。

「今は、マイクロ・サージェリーといって、手術用の顕微鏡を使って、腫瘍をピンポイントで狙って確実に除去することができますが、当時はお腹を切って手術をするのと同じ感覚でした。腫瘍の奥のところは見えなかったと思います。

事前の検査もCT（コンピュータ断層撮影）はありませんから、レントゲンを撮った程度でしょう。

危険性の高い手術でしたが、たとえ死んでも、盲目になっても、天下の東大教授が執刀してダメだったらしかたがない、という時代でした。

清水先生の腕もよかったのでしょうが、馬場正平は運が良かったとしか言いようがありません」

驚異的な手際の良さ

東京大学医学部脳神経外科に残る記録によると、馬場正平の手術は、1956（昭和31）年12月22日に行われた。

「手術は、午前10時15分開始、11時35分終了、計1時間20分と驚異的に早く終わっています。開頭手術は『開け閉め1時間』といいます。それだけで合計2時間かかるわけです。そのうえで、中で何時間かかるかなのに、開け閉めだけの時間よりも短く終わっています。

麻酔は、午前9時40分開始、午前11時40分終了です。右前頭開頭手術。柔らかい腫瘍を吸引で摘出しています。

術者は清水健太郎教授、助手は田島医師、松本医師（名前は不明）。病理医は医学界では極めて有名な所《ところ》安夫《やすお》先生です」

馬場は、当時望みうる最高の医療スタッフによって手術を受けた。しかも、その手際は驚異的なほどよかった。

「この人は右利きでした。右側の運動機能は、左の前頭葉が司ります。左の前頭葉が残っていれば、右がなくなってもカバーするようになりますから、右を取っても大丈夫です。右の前頭を開頭して前頭葉を持ち上げて中へ入っていって腫瘍を取りました。腫瘍は柔らかいものですから、吸引で吸い取りました。腫瘍は、少なくとも2、3センチにはなっていたでしょう。

開頭のときに取った骨弁は、まわりの骨と縫合《ほうごう》します。当時の技術でよくくっついたなあと思います。

髪の生え際の内側で切りますので、髪が生えてくると手術跡はわからなくなります。でも、写真で見ても馬場の額の右側は軽くへこんでいます。これが手術の痕跡ですね」

後年、馬場は後輩の選手たちに「頭のこの部分をこう切って、こう持ち上げて」と身振りを交えて手術のさまを語っている。

本当に完治していたのか？

しかし、手術が成功しても、予断を許さなかった。

まず縫合した部分がうまく癒着するかどうか、という問題があった。

そのうえ、当時の技術では、腫瘍を完全に除去することは不可能に近かった。また腫瘍の除去の際に脳下垂体が破損することによって、ホルモンのバランスもおかしくなる可能性もあった。

手術後、様々な障がいが残る可能性もあったのだ。

「要するに中をくり抜いただけです。その後も成長ホルモンの異常産生は続いたと思います。背は伸び続けていますから。

また、視力障がいが出るほど腫瘍が大きくなっているのなら、脳下垂体そのものも吹っ飛んでいたはずです。今なら、きちんとそれを評価して、本来、脳下垂体が産生するホルモンを補う治療を続けるのですが、その後、馬場がそういう治療を受けた形跡もない。それで60歳過ぎまで長生きをして、しかも野球、プロレスと激しいスポーツをずっとし続けた。経営者としても一線で働き続けた。

良性腫瘍だから自然に良くなる可能性もわずかながらありますが、私には不思議でなりません」

馬場がその後も身長が伸び続けたのは間違いない。入団時、191センチだった身長は、巨人在籍中に200センチ、プロレスでは209センチと伸び続けている。

プロレスの世界では、レスラーの身長を大げさに書くことも多かったが、プロ野球入団時と比較しても、10センチ以上身長が伸びたのは間違いない。

同期の加藤克巳も「馬場は巨人に入ってからも背が伸び続けた」と言っている。

寺本明は、医学者としてこのことをずっと気にかけていた。馬場正平が存命中に、何度か連絡を試みたことがある。

「主治医に連絡をしたり、いろいろな手づるを使ったりしてアプローチして、血液検査をさせてくれと申し出ました。血を見て成長ホルモンの状態を見れば、下垂体性巨人症が完治しているかどうかわかりますから。そのうえでより良い治療もできたと思うのです。でも、断られました。訪ねてくれればよかったのに、と思います。

ただ、アントニオ猪木は私が警察病院の勤務医時代に救急車で運ばれてきて、レントゲン検査をしました。彼は巨人症ではありませんでした。ああいう骨相の人だったのです」

この手術の経緯を見ても、馬場正平は、いろいろな意味で、きわめて珍しい星の下に生まれた人間だということが、改めて実感できる。

馬場の回復は驚異的だった。手術を受けて9日後の12月31日に早くも退院した。

新年になって帰省した馬場が、モルモン教の仲間と鍋をつついている写真が残っている。

珍しいことに眼鏡をかけている。まだ視力が十分に回復しなかったのだろう。

馬場の手術の報を聞いて、母のミツは馬場家の菩提寺である本成寺にお百度を踏みに行った。馬場に危難が降りかかるたびに、ミツはお寺の鎮守社にお百度参りをした。

その甲斐もあって、馬場正平は見る見るうちに回復した。

1957（昭和32）年度のキャンプにも遅れることなく参加した。

そしてこの年、自身の野球生活のキャリアハイを迎えることになるのである。

モルモン教の信徒仲間と食事をする手術後の
馬場（左端）。珍しく眼鏡をかけている。

10章 キャリアハイ

明るい春

1957（昭和32）年春、日本の野球界の話題と言えば、前年、すい星のように現れた稲尾和久《いなおかずひさ》を擁する西鉄ライオンズや、連覇を目指す水原巨人などが挙げられるが、それ以上に大きな話題になったのは、立教大学の快進撃、とりわけ4年生の長嶋茂雄の活躍だったかもしれない。

長嶋は3年生の秋までに6本塁打を記録していた。戦前に作られた7本という東京六大学の記録に並ぶのはいつか、新記録は生まれるのか、は野球界の大きな話題となっていた。前述したが、一般紙では、まだ大学野球のほうがプロよりも扱いが大きかった時代である。

この年の1月12日に、馬場正平がプロ入りした時点で、馬場と並ぶ最長身選手だったヴィクトル・スタルヒンが事故死。引退直後のスタルヒンは、自動車を運転していて二子玉川園行き電車と衝突、即死した。

2月26日には、そのスタルヒンの最後の所属球団であり、一時期、馬場が入団を志望していた高橋ユニオンズが解散し、大映スターズに合併された。大映はユニオンズとニックネームを変更した。野球界は刻々と動いていた。

この年、巨人には社会人の日本石油から藤田元司《ふじたもとし》が入団した。藤田は慶應義塾大学のエース、高橋ユニオンズに行った内野手の佐々木信也とともに、東京六大学のスター選手として鳴らした。

巨人に東京六大学の人気選手が入団するのは、3年前の早稲田大学、広岡達朗以来だった。これはある意味で、翌年の長嶋茂雄デビューの伏線のようなものだった。

馬場正平は、1月半ばには帰京。驚異的な回復を見せた馬場は、病み上がりながら、多摩川での合同キャンプに参加した。

この年の巨人二軍は、新田恭一が2年ぶりに監督に復帰、内堀保が引き続き助監督。当時のキャンプは朝10時半から1時間柔軟体操、その後ランニング、そして投打に分かれて練習をし、2時30分には終わるというものだった。

前章で述べた通り、「ベースボール・ジャイアンツ・ファン」誌には、「感心したことは、病後幾何もない馬場投手が。元気な人々に交じって一生懸命に走っていることである。一隊より約三十メートルおくれて走ってはいるが、あの大きな体で大変であろう。

谷口コーチが、『余り無理するなよ』というと、『大丈夫です』と答えている」とある。

この年、巨人は多摩川球場の後、三熊球場（兵庫県洲本市）・明石公園球場（兵庫県）でキャンプを張った。

大手術の病み上がりでもあり、馬場への期待は低かった。当然のように二軍に振り分けられ、新しいシーズンがはじまった。

ただしキャンプ後半には、馬場の進境ははっきり見て取れたようで、新田恭一二軍監督は、

「大変よくなりましたよ。球も早くなってきました。大体あの大きな体のわりに割合器用なところがありますからね。私はいつも彼に野球はスピードを必要としているんだからと云っているんですがその点なかなか研究しているようです」

と述べている。

内堀助監督も、

「何かと話題になる馬場も、最近スピードを増して大変楽しみである。あれだけの体を持っているのだし、本当の意味でピッチングのコツを覚えたらたいしたものだ」

と述べている。期待はそれなりに高まっていたのだ。

二軍戦で好成績を上げる

馬場のこの年の初登板は、４月16日の多摩川球場での東映二軍との試合。

１対４で敗戦投手になる。

戦評では「この試合は馬場投手が登板した時を狙われたもの。まだまだ自分の体を持て余している感があり大きすぎる投球モーションはランナーがいる時は特に注意を必要とするのではないか」とある。

要するに走者を出して走られて、崩れたのだ。

4月16日　巨人軍多摩川
東映 000 220 000…4
巨人 001 000 000…1
●馬場

5月に入ると馬場は定期的にマウンドに立つ。二軍のリーグ戦はなく、あくまで練習試合ではあったが、ほぼローテーション投手のような位置づけだった。

5月11日の大洋二軍戦は、後に馬場が入団テストを受ける大洋多摩川球場のグランド開きの一戦。

馬場はこの試合で先発を任され、5回を投げて被安打1、無失点と好投した。勝敗はつかず。

5月11日　大洋多摩川
巨人 100 000 000…1
大洋 000 000 001…1
馬場、土岐―竹下、棟居

5月19日には、栃木県小山市に遠征しダブルヘッダーの2試合目にふたり目の投手として登場。投球内容は不明。

5月19日② 小山市営
国鉄 000 030 000…3
巨人 000 020 000…2
●寺口、馬場―山崎、棟居

6月1日の多摩川球場の国鉄戦では、完封勝利を記録する。6回までノーヒット・ノーラン、以後も二安打を許しただけ。四球は4つ。打っては二塁打2本。

6月1日 巨人軍多摩川
国鉄 000 000 000…0
巨人 100 101 01X…4
○馬場―竹下

巨人の二軍は6月25日から東北、北海道遠征に旅立った。今年も馬場はメンバーに加わった。

相手は国鉄と大洋。前にも述べたが、国鉄は巨人の遠征には常に帯同した。運賃などの便宜を図ってくれた上に車両が貸し切りになったからだ。
その途次、6月29日の青森県の青森市営球場では、4点を奪われながら、完投勝利。戦評では「国鉄打線は馬場をよく攻めたが、あと一歩の押しが足らず」とある。

6月29日② 青森市営
巨人 000 013 200…6
国鉄 010 110 001…4
○馬場—竹下

さらに、7月4日、秋田県営手形球場でのダブルヘッダー第2戦でも1失点で完投。戦評「七安打の散発に抑えた馬場の好投」

7月4日② 秋田手形
巨人 021 001 000…4
国鉄 000 010 000…1
○馬場—竹下

北海道にわたって、7月9日の名寄でのダブルヘッダー第2戦は、先発するものの打ち込まれて添島に救援を仰いだ。

7月9日②　名寄市営
国鉄　000　011　200…4
巨人　200　000　30X…5
○馬場、添島—竹下

7月13日の釧路での大洋とのダブルヘッダー第1戦は、添島、馬場のリレーで大洋を完封。

7月13日①　釧路市営
大洋　000　000　000…0
巨人　100　001　20X…3
○添島、馬場—竹下

馬場は翌日の帯広での国鉄戦も投げる。連投ははじめて。無失点の好投だったが、チームは敗れる。

7月14日　帯広市営
巨人 002 000 000…2
国鉄 004 000 000…4
●寺口、馬場—山崎

7月16日の小樽での試合は、遠征の疲れが見えたか、巨人ナインは動きが悪かった。三番手として投げた馬場も打ち込まれ、敗戦投手となる。

7月16日　小樽桜ヶ丘
国鉄 000 031 141…10
巨人 000 100 500…6
土岐、山田、●馬場、添島—島田
本：島田、平井

本州に戻って、遠征の最終戦。二番手の馬場は打ち込まれてチームは大敗した。

7月21日　米沢市営
巨人 000 000 002…2
大洋 100 400 12X…8
●黒田、馬場―竹下

この遠征中、馬場は3勝1敗。これは、山田幸造《こうぞう》、添島時人、寺口博之《てらぐちひろし》と同じ星だった。二軍の「4本柱」のひとりとして認められたというところではないか。

遠征での最優秀投手には添島時人が選ばれた。

8月に入って、厚木駐留軍との試合に馬場は二番手で登板している。米軍はアマチュアだが、当時のプロ野球二軍と引き分けるくらいの実力があったのだ。この試合、馬場はバント攻めにあって崩れたという。

8月3日　厚木駐留軍グランド

巨人 020 002 030 0…7

厚木 301 020 010 0…7

添島、馬場、寺口、高橋―棟居、竹下

馬場正平の同期で、前年までよく球を受けていた加藤克巳はこの年、はじめて一軍に呼ばれた。この年の北海道遠征には参加していないが、恒例の東北、北海道遠征は、二軍にとって最大のイベントだったと話した。

「地方だから小さな球場ですが、どこでも満員でした。当時の東北、北海道は炭鉱の景気が良かったんです。慰安の目的で、炭鉱の町がチームを呼んだ。だからどこも、炭鉱の職員やその家族でいっぱいでした。特に夏休みでしたから、子どもがいっぱい来ましたね」

馬場正平は、行く先々で観客に強烈な印象を残した。

それが下地となって、翌年以降、馬場は「二軍最大のスター」になっていくのである。

１９５７（昭和22）年の二軍成績は、判明している限り、17試合で４勝２敗だった。

ついに一軍のマウンドに立つ

前に触れたように、巨人の一軍と二軍は、入れ替えが非常に少なかった。しかし夏の東北、北海道遠征の成績を見て、一軍の首脳陣は、馬場正平を一軍に上げることにした。

この時期、巨人の投手陣はエースの大友工が故障し、2位、3位に低迷していた。ラジオ解説者の小《こ》西《にし》得《とく》郎《ろう》は、

「とっかえひっかえ出る投手がこう打たれてはもう施すすべもありません。こうなったら思い切ってあの巨漢の馬場正平でも使ってみたらどうなんでしょうかねえ。案外目先が変わって、立ち直りのキッカケになるかもしれませんよ」

この声が影響したかどうかはわからないが、馬場が一軍に引き上げられたのは、8月21日の広島戦だったと思われる。当時のインタビューで「デビュー戦よりも、一軍に入ってはじめて広島で試合練習した時のほうが上がりました」と言っているからだ。この年引退した209勝投手の中《なか》尾《お》碩《ひろ》志《し》に代わっての昇格だった。このときは、フリーバッティングの投手を務めている。

一軍デビューは、8月25日、甲子園球場の大阪タイガース戦。ダブルヘッダーの第2戦、

満員だった。

試合は先発・義原武敏が2回に失点して降板。この後を、馬場の同期の木戸美摸、後藤《ごとう》修《おさむ》と継投するが、失策がらみでタイガースに9点を奪われた。

馬場正平は、大差がついた試合の8回裏にマウンドに上がった。敗戦処理である。

馬場がベンチからマウンドへ向かうときに、大阪の監督だった初代ミスター・タイガース藤村富美男が三塁側コーチスボックスに歩いていくのとすれ違った。藤村はドスの利いた声で「おい、ストライク入るかい」と言ったという。馬場はプレッシャーを感じた。

先頭打者は一番ショート・吉田義男《よしだよしお》。好守好打の阪神の花形選手。身長は167センチ、馬場との身長差はおよそ30センチ。

捕手は同期の森昌彦。森はカーブのサインを出したが、ストライクを入れる自信がなかった馬場はサインを無視して速球を投げた。藤村富美男の一言が利いていたのだ。

ストライクだったが、森はマスクを取ってマウンドにすっ飛んできたという。

しかし吉田をショートゴロに打ち取る。吉田は「2階から球が落ちてくるようやった」と述懐している。

続く二番ライト・並木輝男はセカンドゴロ、三番レフト・大津淳はショートライナー。阪神の主力選手3人を三者凡退に退けた。

1957年10月15日。後楽園球場で一軍のマウンドにあがる馬場。(写真：報知新聞社)

馬場の同期の木戸に黒星がついた。

8月25日　阪神甲子園球場②
巨人　000　100　000　0…1
大阪　010　002　510　X…9
義原、●木戸、後藤、馬場―森
○大崎―山本

馬場は、一軍初登板の後、「ベースボール・ジャイアンツ・ファン」のインタビューで、「あの時は大差でしたからそう上がらないで済みました。それでも三者凡退で済ませたときは、ほっとしました」

と答えている。

シーズン終了まで、馬場は一軍に帯同する。試合前は打撃投手を務めた。

およそ50日登板がなかったが、この間、巨人は16勝10敗と勝ち越し、首位に立った。

10月15日の阪神戦で再び登板機会が巡ってきた。相手はまた大阪タイガース。今度は巨人の本拠地の後楽園球場。

タイガースは別所毅彦、藤田元司を攻略して4点を奪う。巨人は小山正明《こやままさあき》の前に無失点。9回に登板した馬場は三者凡退、二三振に切って取っている。捕手は藤尾茂《ふじおしげる》だった。

10月15日　後楽園球場
大阪 010 003 000 0…4
巨人 000 000 000 0…0
○小山―山本
●別所、藤田、馬場―森、藤尾

8日後の10月23日、馬場の野球人生のハイライトともいうべき試合がやってくる。

巨人は2日前に大洋とのダブルヘッダーに連勝し、大接戦を演じたタイガースを振り切って優勝を決めている。

馬場はシーズン最終日のダブルヘッダーの第1戦に先発した。

巨人は前日は試合がなかった。優勝の祝勝会で飲み明かした主力組は欠場し、控え選手中心のオーダーだった。

中日の先発は大投手、杉下茂。

杉下はこの日まで通算199勝。ヴィクトル・スタルヒン、若林忠志《わかばやしただし》、野口二郎《のぐちじろう》、別所毅彦、藤本英雄、中尾碩志に次ぐ史上7人目の200勝がかかっていた。巨人、水原監督にとって杉下茂は最大の難敵のひとりだった。1954（昭和29）年には、杉下ひとりに11敗も喫し、優勝を逃している。

優勝も決まり、残り試合も2試合。水原としては、ライバルに敬意を表して記念すべき200勝を進呈する気持ちがあったとされる。二線級の打線にしたのも、一軍経験わずか2試合の馬場正平を先発させたのも、ある意味で「ご祝儀」だったとみられている。しかし馬場にとっては一世一代の舞台だった。3年間、二軍で苦労を重ねてようやく勝ち取った一軍の先発マウンドだった。捕手は藤尾茂。

馬場は立ち上がり、先頭の岡嶋博治《おかじまひろはる》にいきなり安打を打たれる。三番・井上登《いのうえのぼる》は二塁打、四番・西沢道夫《にしざわみちお》にも安打を打たれ、一点を失った。しかし以後は二安打されたものの5回まで無失点。

対する杉下も、飛車角落ちの巨人打線を寄せ付けず、5回まで無失点。

しかし水原監督は、5回裏、馬場に打順が回ると投手の後藤修を代打に送って馬場をひっこめた。

後藤はそのまま6回から投げたが1回5失点、続く藤田元司も3回4失点と打たれ、巨

1957年10月15日、後楽園での阪神戦。馬場に歩み寄る水原監督。その身長差に場内がどっと湧いた。（写真：報知新聞社）

人は0対10で敗れた。

杉下茂は200勝を達成した。

10月23日　後楽園球場
中日 100 003 330 0…10
巨人 000 000 000 0…0
○杉下―河合
●馬場、後藤、藤田―藤尾

杉下茂は90歳になる今も健在だ。このときのことを直接聞いたが、何も覚えていない、とのことだった。

馬場正平についても聞いたが、杉下は気の毒そうな顔をして、

「馬場君と投げ合ったことも、何も覚えていないんですよ」と言った。

ただ馬場正平のことは知っていた。新潟県出身だった杉下の母が、「新潟から野球選手が出た」と言って大変喜んでいたという。

このとき、杉下の野球人生についても詳しく聞いたが、馬場正平と比べてあまりにも違

馬場正平について語る杉下茂。
（撮影：武田主税）

うことに、ため息が出そうになった。

杉下は東京、神田の錦華《きんか》小学校で野球をはじめた直後からすでに目立つ存在だった。帝京商業に入学するときには争奪戦があり、その後も、プロや大学などから常に誘われる存在だった。杉下自身が意向を示さなくても、周囲が動いて新しいステージを用意してくれる。そのステージで杉下は期待を上回る成績を残し続けたのだ。

あるプロ野球のコーチが「プロで一流の選手は、みんな『天才』なんですよ。教えなくたってできるし、教えれば、教えた人間よりもうまくなる」というのを聞いたことがあるが、プロ野球の歴史は、杉下のような「天才」によって紡《つむ》ぎだされてきたのだ。

馬場正平など、二軍での競争の挙句に這い上がってくる選手と、杉下などのスター選手は、残念ながら天分が違う。そういう実感を持たざるを得ない。

投手、馬場正平の真価とは

とまれ、馬場正平は、一軍のマウンドに上がることでようやく「一人前」になった。

翌年、二軍では、さらに好成績を上げるが、以後二度と一軍に上がることはできなかった。この年が、野球選手としての彼のキャリアハイだといってよいかと思う。

馬場正平は、どんな投手だったのだろう。もっとも多く馬場の球を受けたと言われる同期の捕手、加藤克巳はこう語っている。

「ボールは重かったですが、速さはそんなになかったですね。でも、コントロールはよかった。だから比較的早く試合に出られたんです。

球種はまっすぐとカーブ、シュート。ナチュラル気味でした。それからどろんとまがる大きいカーブ。アウトドロップと言っていました。

馬場のいいところは、コントロールが良かったことです。あれで四球ばかり出したら試合にならない。二軍には球は速いけど、力んじゃって、歩かせてばっかりでゲームをつぶしてしまう投手はいっぱいいいました。でも馬場はそういうことはなかったですね。だから一軍でも何とか試合にはなった。

ただ、手が大きすぎて、スナップスローができなかった。指の腹でボールを支えて投げていました」

いわば、わしづかみでボールを投げていたようなものだ。

そういう投げ方をすれば、ボールはどんな変化をするのか。

「野球塾リトルロックハート」の主宰者で、パーソナルピッチング・コーチとして、プロ野球選手から小学生まで多くの生徒にピッチングを教えている大友一仁《おおともかずひと》はこう話す。

「もし本当にわしづかみで投げていたら、これは単純にチェンジアップの投げ方です。球速は腕力でしか出せず、ボールにバックスピンを与えられないため、ストレートに伸びも出ません。指とボールの接点が多いほど、ボールの回転数は減ってしまうんです。

また、わしづかみした場合、小指と薬指が使われることになりますが、この状態で全力投球をしてしまうと、ひじを痛めやすくなります。小指や薬指の筋は、ひじに直結しているためです。普通の手のサイズの投手であっても、小指と薬指を使った形でストレートを全力投球してしまうと、ひじがロックされた状態で振られることになり、かんたんにひじを痛めてしまうようになります。

チェンジアップは、桑田真澄さんが話すように肩肘に負荷が少ないとは、僕は考えていません。技術が高くない投手がわしづかみでチェンジアップを投げようとすると、前述の理由から、ひじを痛めやすくなります。チェンジアップは負荷が少ないというのは、桑田さんレベルだからこそ言えることで、一般のプロ投手やアマ投手がわしづかみ、もしくはそれに近い状態で投げた際のメリットはほとんどありません。

ちなみにスケール効果という言葉があるのですが、身長が高いほど敏捷性《びんしょうせい》が問われるスポーツでは不利という見方もできますので、馬場投手は野球向きの体型ではなかったのだと思います」

馬場正平の投球フォームはスリークォーター。
背番号は「59」だった。（写真：報知新聞社）

たしかに馬場は、このオフに右ひじを痛め、以後は、ひじ痛のために成績を低下させていくのである。

馬場正平の「打ちにくく重い球」というのは、おそらくは回転数の少ないチェンジアップだったのだろう。当時、そういう言葉はなかったが。大友一仁の話は、馬場の投球に対する多くの批評を裏付けしているように思える。

守備についてはどうか。加藤克巳はこう言っている。

「守備は動作がちょっとにぶい程度でうまかったですよ。馬場は器用だから格好はついたんです」

加藤は「二軍戦では、バントはあまりやってこなかった」とも言った。

馬場正平を入団時から見てきた千葉茂は、なにくれとなく馬場の面倒を見た庇護者《ひごしゃ》のひとりだったが、守備の名手だっただけに馬場のフィールディングには厳しい見方をしている。

「バント守備や、一塁カバーやらせたら『それ、何のことです?』という感じや。わけがわからんもんやから足がもつれて転がっとる。大きな体がグランドに転がっとるから、野手と交錯したりして邪魔くさくてしょうがない」

加藤克巳に、投球、守備などを総合したうえで、馬場正平は、二軍のエース格だったと

馬場正平のフィールディングにはやや難があった。
（写真：報知新聞社）

いえるか、と聞いた。加藤は、

「それはちょっと言いにくい」

と微妙な言い方をした。

加藤はのちにスカウト、スカウト部長として巨人軍の主力選手を数多く獲得している。野球選手へ鑑識眼は確かである。

では、当時、巨人二軍のエースは誰だったか、と聞くと。

「三浦方義《みうらまさよし》さんと、添島時人《そえじまときと》」と答えた。

三浦方義は、五戸高から52年に巨人入り。巨人では0勝だったが、大映スターズに移籍した56年に29勝で最多勝。通算56勝を挙げている。

添島は馬場や加藤と同期。熊本工から巨人入り。一軍では0勝に終わったが、二軍では長く主戦投手だった。おそらく、添島も他球団に移ればエース級の投球をしたのではないか。どちらも右の本格派。

加藤にしてみれば、馬場はこれらふたりの投手には見劣りしたということだろう。

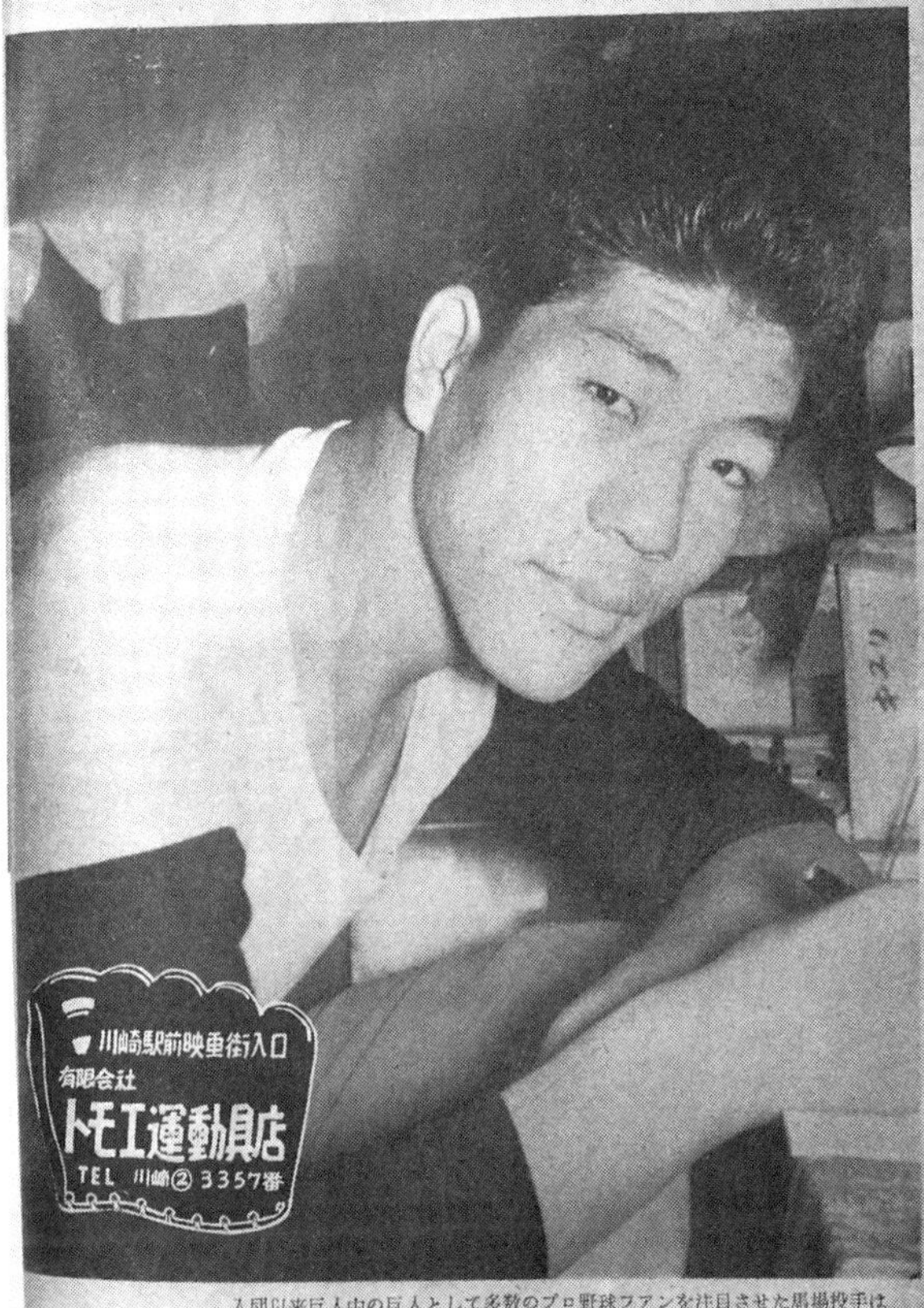

巨人中の巨人

入団以来巨人中の巨人として多数のプロ野球ファンを注目させた馬場投手は遂に9月4日の阪神戦にデビューした。

現在起居する多摩川巨人軍寮の馬場投手の許に，デビュー以来ファンレターが目に見えて増したという。

巨漢にも似ず几帳面な馬場投手はファンレターには必ず返事を書かなくては気が済まぬそうだ。今日も机に向つて手紙する彼である。

一軍初登板の後、インタビューにこたえる馬場正平。
（「週刊ジャイアンツ・ファン」より）

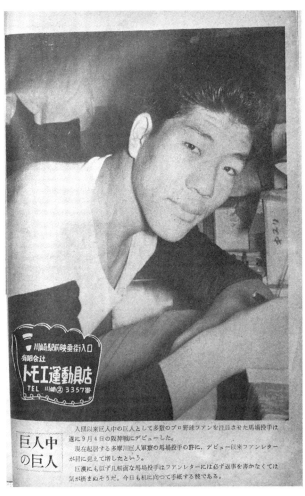

水原監督の不興を買う

杉下茂の200勝がかかった試合での好投は、巨人首脳陣の馬場に対する評価を変えさせるには至らなかったようだ。

むしろ、水原円裕《のぶしげ》監督の不興を買ったという説がある。

慶應義塾大学時代から六大学のスターだった水原は、何事につけても粋でダンディだった。スーツは銀座「英国屋」の仕立て。泊まるホテルも、食べるものも一流を好んだ。選手にも洗練されたふるまいを求めた。正力松太郎の「巨人軍選手は紳士たれ」を体現する存在だった。

それだけに、水原から杉下への「粋《いき》な計らい」をぶち壊しかけた馬場正平を気に入らなかったというのである。

今の言葉で言えば「空気を読まなかった」ということになろうか。まだ19歳の馬場にそれを求めるのは酷だという気もするが。

加藤克巳によれば、どの試合かはわからないが、馬場は一軍の試合での登板のときに、マウンドで水車のように腕を大きく振り回したことがあったという。場内は大きく湧いた。

加藤は「馬場にはこういうショーマンシップがあったのか」と驚いたという。馬場のこのパフォーマンスは、水原監督も当然見ていたと思うが、よくは思わなかったのではないか。

7章でも述べた通り「長嶋前夜」だったこの時代、プロ野球は大学野球よりも一段低く見られていた。また、トラブルも多く、まともなスポーツではない、と思う人もまだかなりいた。

水原円裕は明らかに「プロ野球のステイタスを向上させたい」と願う野球人のひとりであり、こうした泥臭いパフォーマンスを好まなかったものと思われる。

馬場正平は、ペナントレース終了後に発表された、日本シリーズの出場メンバーには入っていない。

「水原あやまれ事件」の衝撃

さらにこのオフ、水原は「水原あやまれ事件」という騒動に見舞われる。

巨人はセ・リーグで連覇するが、水原の大学時代からのライバルで、前巨人総監督の三原脩率いる西鉄ライオンズに0勝4敗で完敗してしまう。2年連続の敗退だった。

シリーズ終了後、水原は一度は責任を取って辞任しようとするが、社長の品川《しながわ》主計《かずえ》が水原に了解なくコーチ人事に介入したことを聞くと、辞任を撤回した。

このことで、品川と水原は決定的に対立した。国務大臣だった正力松太郎に呼びつけられたふたりは、人事院の前で言い争いをした。

水原は、大勢の報道陣の前で、品川から「水原君、あやまりたまえ」と罵倒《ばとう》されたのである。

品川主計は正力松太郎の内務官僚時代の同僚であり、乞われて巨人の社長を務めていた。品川は、ゴルフを通じて、巨人コーチの新田恭一と親しかった。また千葉茂がひいきだった。本人にその気があったかどうかはわからないが、巨人に「品川派」ともいうべき派閥を作っていたのだ。

新田恭一は水原の慶應義塾大学の先輩にあたる。独自に打撃の「ゴルフ理論」を編み出すなど、打撃や投球に一家言を持つ理論派であり、何かと独自色を出したがる指導者だった。水原にとっては、やりにくい先輩だったに違いなかった。

このとき水原の頭越しに、品川にコーチ陣刷新の提案をしたのも新田だった。

この時期、巨人の一軍、二軍の交流が極端に少なかったのは、新田恭一が二軍監督だったのも一因ではないかと思われる。水原は、新田の支配下にある二軍選手を登用したくないという気持ちも少なからずあったのだと思われる。

当人はまったく意識しなかっただろうが、二軍育ちの馬場正平は、明らかに新田恭一の影響下にある選手であり、水原監督の覚えめでたい選手ではなかった。

この事件がもとで水原監督退任、川上哲治監督就任へのレールが敷かれたと言われているが、それは4年後のことである。

「水原あやまれ事件」のあとは「雨降って地固まる」と評されたように、チームの結束は固まり、一軍と二軍の交流も多少は多くなった。

しかしわだかまりは完全に解消されたわけではなかった。

この試合を最後に、馬場正平は一軍には二度と呼ばれなかった。水原監督には、馬場正平は「水原あやまれ事件」を思い出させる選手のひとりであり、好ましいとは思えなかったのだろう。

11章 挫折と転生

「水原あやまれ事件」の余波、続く

１９５８（昭和33）年の春は、異様な興奮とともに始まった。東京六大学記録の８本塁打を樹立したスーパールーキー、長嶋茂雄が入団したのだ。長嶋は馬場よりも２学年上だが、入団は３年遅れ。

１月20日からはじまった多摩川キャンプには、長嶋は卒業試験のために参加しなかったが、明石キャンプには参加。これまで例を見ない大勢の報道陣が詰めかけた。

馬場正平は、キャンプでの柔軟体操やキャッチボールの相手を務めた。彼が長嶋の相手をするにふさわしい有望選手だったからではなく、カメラ映えがしたのだろう。馬場は翌年王貞治が入団した折も、最初の打撃投手を務めた。

この年、馬場の巨人での最大の理解者だった投手コーチの谷口五郎がチームを去った。また前二軍監督の藤本英雄も退団した。さらに二軍監督は新田恭一から千葉茂に代わった。新田は二軍ヘッドコーチになった。

これは前年オフの「水原あやまれ事件」の余波だと思われる。水原監督と対立した品川主計社長に近いとされた千葉が二軍監督になったのは、彼を遠ざけたい水原の意向だったとされる。

また、谷口も品川に近い新田恭一の一派だとされた。谷口は少し間をおいて大洋に移籍する。

一方で藤本英雄は「水原あやまれ事件」のときに、水原が「藤本が辞めるなら俺もやめる」と言ったほどの関係だったが、喧嘩両成敗に近い形で詰め腹を切らされた。

この年の1月11日、品川社長邸で行われた新年会には、宇野球団代表、新田、水原、川上哲治、千葉ら首脳陣が集った。品川社長は上機嫌で、水原との和解を報道陣にアピールしたが、メディアはこれに懐疑的で「この握手に偽りなきや」と書き立てた。

たしかにこの人事を見ても、両派閥の確執は解消されていないように見える。

この年の明石キャンプでは、別所と千葉のように、ベテランはベテラン同士、若手は若手同士で一室にしていた従来の部屋割りを改め、38歳の川上哲治と20歳の藤本伸を同室にするなど、若手とベテランの融和が図られた。

水原監督は、夜、キャンプの宿舎を訪れて二軍の若い野手と談笑した。それは前年までは見られない光景だった。

しかし反対に言えば、そうしてトップが特別の配慮をしなければならないほど、チーム内にはわだかまりが残っていたのだ。

馬場正平は二軍暮らしの長い、実績に乏しい選手ではあったが、新田恭一、谷口五郎の庇護の下にいた選手であり、水原監督から見れば、対立する派閥の一員だった。末端の選手であってもこの騒動とは無関係ではなかった。

流れに取り残されつつある

水原監督はこの年から大リーグ、ロサンゼルス・ドジャーズの練習法を取り入れ、ペッパーゲーム（練習相手が投げた球を打者がワンバウンドで打ち返す練習、トスバッティング）や投手のキャッチ・アンド・パス（今の投内連係の原型）などの新しい練習メニューを導入した。キャンプの中身も確実に変貌していた。

キャンプ中から長嶋茂雄の評価は非常に高かった。川上哲治は「打撃をいじらず、そのまま打たせれば結果を出すだろう」と言った。打線も新人を加えて大きく変わることが予想された。

しかし馬場正平の名前が、キャンプで挙がることはなかった。

毎年、キャンプが終わり、シーズン開幕前になると、巨人軍の多摩川寮では、部屋替えが行われる。一軍に昇格した選手は寮を出て部屋を借りたりする。移籍や引退で巨人を後にする選手もいる。選手の異動に伴って部屋割りも変わる。

この年、馬場の同期の青木稔が近鉄に移籍、一方で一軍に定着した森昌彦は、寮を出て品川区北大井に部屋を借りた。

馬場はこうした騒ぎには無縁だった。多摩川の二軍寮はふたり部屋だったが、巨体の馬場は二階の四畳半の一室をひとりで使っていた。そして退団するまでこの部屋を動かなかった。

このころから、野球雑誌で馬場の話題が出るのは、シーズン前、キャンプインの時と、オフだけになる。有望選手として名前が挙がることもほとんどなくなる。

4年目を迎え、二軍でも古株のひとりになった馬場は、注目される存在ではなくなった。また、この時期から体重の増加が目立つようになる。公式の発表では24貫（90キロ）とされたが、本人は「27貫（101キロ）あります」と答えている。

「野球界」5月号には「巨漢馬場は現在26貫（ママ）くらいある体重を24貫くらいまで減らすことが必要。プロ野球随一の長身のスタルヒンでさえ23貫（86・3キロ）だったのだから」とある。

モルモン教徒の馬場はこの時期まで戒律を守って、飲酒、喫煙はしなかったようだが、暴飲暴食が体重増加の原因になったのは間違いないところだろう。

馬場正平の日常

この当時の馬場正平の日常生活を知る元同僚に話を聞いた。

小松俊広《こまつとしひろ》は、高知県出身。1957（昭和32）年、高知商業の投手として春の甲子園で決勝進出。本格派の左腕投手として一学年下の早稲田実業・王貞治《おうさだはる》と投げ合ったが3対5で9回サヨナラ負けを喫する。

翌年に巨人に入団。入団から三年間は一軍に振り分けられたために、シーズン中は行動を共にしなかったが、多摩川寮では馬場正平とは気の合う選手のひとりだった。

「巨人軍に入った選手が多摩川寮に来てまず驚くのは玄関の三和土においてある馬場さんの靴でしたね。とにかく大きかった。

僕はズック靴を履いたまま馬場さんの靴に足を入れることができました。中村稔《なかむらみのる》さん（投手）は馬場さんの靴の中に子猫が寝ているのを見たと言っていましたね。

多摩川グランドへは、寮を出て丸子橋を渡って、多摩川沿いを歩いていくのですが、馬場さんと一緒によく通いました。でも30分も歩くと首が痛くなるんですよ。なんでかなと思ったら、馬場さんと話しながら歩くから首をずっと上に傾けなければならない。それで寝違えたみたいになったんですね。

馬場さんとはいろんなエピソードがあります。

たしかふたりで自由が丘かどこかへ遊びに行くことになって、丸子橋のたもとでタクシーを拾ったんです。大型が初乗り80円、中型が70円、小型が60円。僕らは小型を拾いました。車種はルノーか何かだったと思います。ルノーはツードアで助手席を倒して乗るんですが、馬場さんは、どんなに席を倒しても後部座席にいけなかった。大笑いしました。たしか、そのとき馬場さんは194センチくらいでしたね。

あの人はすごい汗かきでした。一緒にランニングしていると後ろからザッツザッツザッと音がする。汗がスパイクに流れこんで、へんな音がしたんです。

練習が終わると多摩川のたもとにある小池さんというおでん屋さんに行くんですが、馬場さんはそこで三ツ矢サイダーを2本立て続けに一気飲みしました。息つぎなしでした。で、そこの女将さんの小池マツさんは、いちばん多い時は5本飲んだと言っていました。飲んだ瓶をお店の日よけの庇の上に置いていくんですよ。マツさんも苦笑していました。

寮の門限は夜10時と決まっていたんですが、中には門限破りをする選手もいた。玄関横の寮長室には武宮寮長がいるから、窓から出入りしてね。それが頻繁になったものだから、ついに寮の窓に木の柵がつけられた。でも、それを外して出ていく猛者もいました。

ある日、外から帰ってくると外した鉄柵を外から嵌めなおしている大男がいる。一目で馬場さんとわかりましたよ。自分の部屋ではなくて、仲のいい国松彰さんの部屋からよく出入りしてね。国松さんが『俺の部屋使うなよ！』と苦笑していました。

馬場さんは二階の四畳半の部屋にひとりで住んでいましたが、まっすぐに布団を敷くと頭や足が壁についてしまうから、斜めに布団を敷いていました。

麻雀が好きで、上手でした。手先が器用で麻雀パイなんかもうまく並べていましたよ。でも、馬場さんは本当にやさしかった。僕はきつい言葉を投げかけられたことはありません。他の仲間もそうだったと思います」

右腕関節の手術

一軍では無印扱いだった馬場だが、二軍の興行サイドから見れば、欠くべからざる存在になっていた。

前年の東北、北海道遠征での活躍で、馬場は二軍のヒーローのようになった。前述のとおり、当時の二軍は独立採算が原則であり、客の入りを重視していた。馬場正平は二軍では数少ない「客が呼べる選手」になっていたのだ。

このシーズンの初戦は3月4日。一軍はまだキャンプ、オープン戦の時期だったが、明石キャンプを利用して、関西地方の球団と二軍戦が組まれた。これは珍しい。馬場は2年目の中村稔をリリーフしている。捕手は加藤克巳。

3月4日　西宮
巨人 000 402 010…7
阪急 000 004 40X…8
中村、馬場―加藤
※敗戦投手不明

続く3月9日の姫路での南海ダブルヘッダー第2戦では、馬場はシーズン初完投を記録している。捕手は加藤。

3月9日②　姫路
巨人 031 010 440…13
南海 000 000 100…1
○馬場―加藤

しかし、ここから馬場の名前は、二軍戦から消える。右ひじの痛みを訴え、右腕関節部の軟骨の除去手術を受けたのだ。いわゆる「ねずみ」の掃除である。

馬場は前年の日本シリーズ中の練習で、右ひじ関節をねんざしていた。しかし治療をせず、痛みが引くのをまっただけだった。このときの故障が一因だったと思われる。

前章でも述べたように、ボールをわしづかみにして投げる投法は、ひじに大きな負担をかける。故障を押して無理に投げ込みを続けるうちに痛みが取れなくなったのだ。

馬場は以後、マッサージ通いが日課になったが、この痛みには、以後も悩まされることになる。

二軍最大のスター

巨人二軍は、この年も東北・北海道遠征を予定していたが、現地のプロモーターの中には「馬場は出るのか」と問い合わせるものもいたようだ。

「馬場が投げるかどうかわからないために、遠征の日程がのびのびになっている」という記事が「週刊ジャイアンツ・ファン」に載った。

馬場の復帰試合は6月4日、故郷の新潟、白山球場での国鉄とのダブルヘッダー、第2試合になった。

馬場は先発して負け投手になっている。

6月14日② 新潟白山

巨人 100 100 000…2

国鉄 110 010 01X…4

●馬場、中村―島田

翌日の試合も馬場は登板する。千葉茂監督は、馬場のご当地だけにファンサービスの意味もあって投げさせたのだろう。人気のほどがうかがえる。

6月15日② 新潟白山
巨人 011 000 000…2
国鉄 100 000 100 00…2
寺口、添島、馬場、中村―島田

7月に入ると、恒例の東北、北陸遠征がはじまった。7月5日から20日までの16日間で、11の球場で17試合を消化する強行軍。相手は例によって国鉄、そして今年は大洋だった。馬場正平は、ダブルヘッダーに連投するなど、頻繁にマウンドに上がるようになる。馬場は登板予定がなくてもブルペンで投げることが多かった。観客が沸くからだ。また、試合がだれると中盤からマウンドに上がることも多かった。

この年は馬場の球は加藤克巳が受けることが多かった。

7月6日 盛岡

巨人 030 012 001…7
国鉄 000 004 002…6
馬場、○土岐—加藤

7月10日①　名寄市営
大洋 420 000 000…6
巨人 000 000 140…5
●添島、馬場—加藤

7月10日の名寄の試合では、馬場は8回から登板したが、打者として左中間に二塁打を打っている。

7月10日②　名寄市営
国鉄 000 000 000…0
巨人 000 323 11X…10
○土岐、後藤、馬場—加藤

7月14日　三菱美唄
巨人 005 030 011…10
国鉄 110 020 000…4
○馬場、吉井—加藤

7月14日の試合の後、一軍の捕手・森昌彦が負傷したために、加藤克巳が急きょ一軍に呼ばれた。翌日の仙台、県営宮城球場での大洋戦から合流を命じられたのだ。加藤は夜10時発の函館行きの列車でチームを離れた。

加藤は57年経った今も、このときのことを覚えている。

「北海道遠征は、美味しいものが食べられるから、みんな本当に楽しみにしていたんです。残念でした」

7月17日　弘前
巨人 010 000 030…4
大洋 230 012 18A…17
●後藤、吉井、馬場—山崎、島田

7月20日② 仙台
国鉄 000 000 100…1
巨人 000 000 010…1
馬場―島田

この年の東北、北海道遠征時の写真が残っている。馬場正平は人気者で、行く先々で子どもたちに囲まれていた。馬場はリラックスしているようで、表情は明るい。二軍とは言え、自分の立場が確立しているという安心感があるのだろう。

岩見沢では馬場は旅館の風呂が狭かったので銭湯に行き、湯船につかって湯を大量にあふれさせて周囲を驚かせている。

東北・北海道シリーズ後にジュニア・ジャイアンツは表彰式を行った。

最高殊勲選手は外野手の川上義信《かわかみよしのぶ》、優秀投手賞は添島時人、馬場正平は他のふたりとともに敢闘賞を受賞している。

この年の巨人は8月にも長野県から新潟県佐渡へと遠征をしている。ファンの要望があったようだ。これも国鉄スワローズを帯同。

馬場正平はこのシリーズでも主戦投手として投げている。

8月16日はダブルヘッダーで連投。さらに翌17日も投げている。

8月16日①　野沢北高校グランド

国鉄　2 1 1　1 0 1　0 0 1…7

巨人　3 0 3　0 0 0　0 1 1A…8

土岐、○馬場―島田

8月16日②　野沢北高校グランド

国鉄　0 2 0　4 1 0　4 2 1…14

巨人　0 1 0　0 0 3　0 0 0…4

●吉井、馬場、木戸、山田―島田

8月17日②　中野市営

国鉄　000　000　000…0

巨人　100　000　00A…1

○吉井、馬場―加藤

8月21日②　佐渡河原浜田

阪神　010　100　030…5

巨人　111　205　10A…11

吉井、○馬場―加藤

さらに、新潟県柏崎、新発田に阪神を帯同して転戦。

8月25日①　柏崎

巨人　002　010　002…5

阪神　000　013　000…4

吉井、○馬場―加藤

8月25日②　柏崎
巨人 032 000 003…8
阪神 000 000 000…0
○馬場―加藤

9月に入るとまた新潟県長岡市に国鉄を帯同して遠征。

9月7日①　長岡
巨人 300 003 300…9
国鉄 001 000 020…3
○馬場―加藤

9月14日②　浅見
国鉄 010 000 001…2
巨人 231 100 02X…9
添島、馬場―島田　※勝利投手不明

この年は、巨人二軍史上でも屈指の活況を呈したシーズンだった。どの球場も「万余《まんよ》」の入り。小さな地方球場では異例のことだった。特に馬場正平の故郷の新潟県には6月、8月、9月と3回も遠征をしている。馬場正平はブルペンで投げるだけでもお客が沸いた。とりわけ地元新潟での人気は絶大だったようだ。

馬場はこの年のいずれかの新潟遠征の折に、故郷三条市で同郷の女優・水野久美《みずのくみ》とともに、国鉄東三条の駅前でパレードをしたようだ。

水野久美は馬場正平の一学年上、中学校までは同窓。三条市の写真館の娘で、芸能好きの父親の影響で早くから踊りや演劇の舞台に立っていたが、三条東高在学中に雑誌「ジュニアそれいゆ」主催による「ミス・ジュニアそれいゆ」の1位に選出される。父親の放蕩、乱暴から逃れるためもあって上京し、芸能界入り。1957（昭和32）年、松竹映画『気違い部落』でデビュー。この年に東宝に移っている。美貌を活かし、東宝の看板映画「ゴジラ」シリーズへの出演でも知られた。70歳を過ぎた今もテレビの刑事ドラマなどに出演している。

三条市の人々からは「馬場正平と水野久美のパレードを見た」という話をたびたび聞い

た。姪の馬場幸子も群衆の肩越しからパレードを見たという。

しかし、その記事を見つけることはできなかった。水野久美のデビュー年と当時の馬場の動静を見る限り、この時期ではないかと思われる。

このシーズンの馬場正平の二軍成績は、18試合7勝1敗、8月15日から9月7日までの信越遠征では、全13試合中7試合に登板。5勝0敗で28回を投げて防御率1・89の好成績を収めている。

記録が判明していない巨人の二軍戦は18試合あるが、ともあれ、二軍では最高の成績を挙げた。

しかしながら馬場は一軍に呼ばれることはなかった。

この年の巨人一軍は大阪タイガースに5・5ゲーム差をつけて優勝。MVPには2年目のエース・藤田元司が輝き、長嶋茂雄は本塁打、打点の2つのタイトルを獲得する圧倒的な成績で新人王に選ばれた。

また川上哲治がこのシーズン限りで引退。ヘッドコーチに就任。ポスト水原の路線が敷かれたといわれた。

この年の日本シリーズも西鉄ライオンズとの顔合わせになったが、巨人は3連勝のあと4連敗して敗退した。エース・稲尾和久の投打にわたる活躍の前に敗退したのだ。

オフには通算最多勝記録がかかっていた別所毅彦が水原監督に、来季の登板数を保障するように迫った。水原監督は「選手の起用は監督の専権事項」と突っぱねたが、日本シリーズの惨敗もあって、威信の低下はまぬかれなかった。

品川派が一掃された1959年

1959（昭和34）年、巨人の二軍監督はまた代わった。千葉茂が近鉄の監督になり、寮長だった武宮敏明が二軍監督を兼務した。

また水原監督と確執があった品川主計社長も辞任。新田恭一はコーチとして残留したが「水原あやまれ事件」で水原と対立したグループはあらかたいなくなった。

千葉茂とともに近鉄には内野手の内藤博文《ないとうひろふみ》が移籍している。翌年には大友工も移る。千葉の移籍も巨人軍内の内部対立が尾を引いていたとみるべきだろう。

この年、巨人は「二軍」という名称を廃し、「新人軍」に統一した。巨人では従来から「新人軍」という言葉を使っていたが「二軍」も併用していた。これを廃止したのだ。

この背景には内紛によって対立が生じた一、二軍の選手、コーチの一体感を作りたいという首脳陣の意向があったようだ（本書では従来通り「二軍」で統一する）。

5年連続の二軍スタート

馬場正平は、1月の多摩川での練習には一番乗りで参加。ランニングなどで万全をアピールした。

前年までは明石キャンプだったが、この年から巨人は宮崎市でのキャンプを開始した。今に至る「巨人軍宮崎キャンプ」のはじまりだ。宮崎県でのキャンプは馬場が入団した55年以来4年ぶり。

この年は、早稲田実業で2年生の春の甲子園で優勝投手となった王貞治が入団した。水原監督は王を投手から野手にコンバートした。

長嶋茂雄、藤田元司、王貞治ら華やかなスター選手がそろったキャンプは連日満員の大盛況だった。

馬場正平は王貞治の最初の打撃投手となった。王貞治の述懐。

「一軍のレギュラー選手相手ならいざ知らず、僕のような高校生ルーキーのバッティング練習につきあってくれるピッチャーなんて誰もいないものです。しかし、そんなとき、馬場投手は率先してマウンドに立ってくれたんですよ。

1959年のキャンプが宮崎でスタート。巨人軍の投手陣と。右端が馬場。（「週刊ジャイアンツ・ファン」より）

マウンドに立った馬場投手は、いちだんと大きく見えます。球もまさに2階から投げ下ろされてくる感じです。

ただ、バッターに対しては、体を横に曲げて腕を真上から振り下ろすような、オーバーハンドのフォームではなく、どちらかというと、腕が斜め上から振り下ろされるスリークオーター気味のフォームだったので、威圧感というのはありませんでした。スピードもびっくりするような球速ではなかったと記憶しています。

だけど、ボールの球質はとても重かった。キャッチャーのミットに収まるときの音や、バットに当たったときの感触はそれまで経験したことがないような衝撃で、『これがプロのピッチャーが投げる球か』と驚きました。僕が投げる球よりも、はるかに重い球質だったと思います」(『ジャイアント馬場　甦る16文キック』)

キャンプでは馬場正平は「期待がかかる投手陣」のひとりとして写真に写っていたが、一軍に呼ばれることはなかった。

馬場のシーズンインは、5年連続で二軍からのスタートとなった。

もう少年ではない

21歳になった馬場は、この時期から飲酒、喫煙を覚えたようだ。モルモン教の戒律を破ったのだ。

それまでは前田照実らとともに日曜ごとに礼拝に行っていたが、いつの間にか足が遠のいた。

巨人の二軍生活も5年を数え、自分の立ち位置も見えるようになった。長嶋茂雄がさっそうとスターダムに駆け上がるのを見るにつけても、将来への漠然とした不安を抱くようになったのだろう。

もはや馬場は純真な少年ではなく、厳しい現実を知った大人になろうとしていたのだ。

4月12日には、二軍と米軍立川基地の野球チームとの間で試合が行われた。米軍兵士よりも大きな馬場は人気者だった。試合は3対1で巨人二軍の勝ち。馬場は試合には出場していない。

4月29日から国鉄を帯同しての信越シリーズがはじまる。新潟県では高田、柏崎、新発田、新潟を転戦したが、馬場は、この地元のシリーズで1試合しか投げていない。2回を投げて4被安打5失点（どの試合かは不明）。この時期、馬場は新田恭一コーチのアドバイスでフォームを改造していたという。

5月13日には再び米軍との試合があったが、馬場は登板せず。

5月30日からは国鉄を帯同して「新人軍裏日本シリーズ」が行われ、酒田、米沢、新潟県の長岡で6試合が行われたが、馬場は登場せず。遠征にも参加していなかったのではないかと思われる。

苦しい遠征が続く

馬場は肩の調子が思わしくなく、登板できなかったのだ。6月には多少回復したが、その矢先に練習で打球が右肩にあたって投球ができなくなった。

しかし8月6日からはじまった東北、北海道遠征のメンバーに馬場正平は選ばれた。姿を見せるだけで人気がある馬場は、興行的に外すわけにはいかなかったのだろう。

8月16日の山形での試合に馬場は登板している。以下、このシリーズで、馬場が投げていることが判明している試合は3試合。

8月16日①　山形市営
国鉄 000 000 013…4
巨人 310 000 10X…5
○馬場

8月19日　湯本市営
国鉄 010 000 000…1
巨人 200 101 10X…5
○馬場

8月21日①　秋田県手形
巨人 000 001 000…1
阪神 000 020 00X…2
●馬場

スコアが判明していない試合も含め、東北、北海道遠征での馬場の成績は、7試合で2

勝2敗、33回を投げて34被安打、四死球9、三振16、防御率3・64というものだった。

この年、3年目の中村稔が成長して二軍のエース格となった。

馬場はそれに次ぐ投手のひとりだったが、調子が思わしくなかった。また、明らかに制球力が落ちていた。

秋に行われた東海地区遠征では、馬場は中継ぎで投げている。3試合で4回を投げて3被安打四死球8三振7、防御率15・00というさんざんな成績だった。

「週刊ジャイアンツ・ファン」に掲載されている「1959年新人軍成績」によると、この年の馬場正平の最終成績は14試合に登板、45回を投げて45被安打、与四球29、奪三振21、防御率6・00だった。エース格の中村稔は21試合5勝3敗防御率2・48だった。

長く馬場の球を受けた捕手の加藤克巳が話す通り、馬場は球速はないものの、制球の良さが持ち味だった。しかしこの年は、馬場正平の持ち味がまったく活かされなかった。右ひじの痛みも続いていたようだ。

さらに馬場は10月には練習中に左ひざをねんざする。「野球界」には「どうもいささか体が重すぎるらしい」と書かれた。満身創痍だったのだ。

5年間のプロ野球選手生活で、馬場正平の月給は、1万2千円から5万円に上がっていた。この年の大学卒業生の初任給は1万1千円とされるから、馬場は一流企業の役員クラ

新人軍スポット⑧
"ババさん"

"ババさん"はお相撲さんになる様に誘われたそうですが、野球が好きで巨人軍入りしたのです。巨人軍に文字通りの巨人である"ババさん"が入ったので、ファンは大変喜こびました。そして大きな身体から、目にもとまらぬ速球を投げこむ日を待っているのです。

公式戦で大働きするために、現在新人軍で腕を磨いていますが、遠征などに出ると人気ナンバーワンであるというのも無理もありません。"ババさん"は云うまでもなく馬場正平投手のことです

1959（昭和34）年の馬場正平。二軍では古株になっていた。
（「週刊ジャイアンツ・ファン」より）

スの給料を取っていたことになる。
しかし馬場正平の巨人のキャリアはここまでだった。

整理を通告される

11月9日、馬場正平は球団事務所で土岐道雄《ときみちお》（投手）、工藤正明（同期、内野手）、松下秀文《まつしたひでふみ》（内野手）、竹下光郎《たけしたみつろう》（捕手）、吉井修《よしいおさむ》（投手）、寺口博之（投手）、服部貞夫《はっとりさだお》（投手）とともに整理（自由契約）を言い渡された。

「週刊ベースボール」によれば、巨人軍本部で取締役の佐々木金之助《ささききんのすけ》は馬場に、「君は何年になるね」と話しかけた。

馬場が「はあ、5年になります」と答えると佐々木は、「そうか、もうそろそろ潮時だな、別の道を考えるなら早い方がいいと思うけど…。君は今年で自由契約にすることが決まったんだ」と一息で話した。馬場は、「ああ、そうですか」とあっさりひきさがったという。

馬場はこう話している。

「球団から言われなくとも、僕はやめるつもりだったんです。5年間住んだジャイアンツに別れることの哀しさなんていうセンチな感情よりも、このままではだめだ、なんとかしなきゃ、という考えのほうが強かったんでしょうね」

これは多少負け惜しみが入っていると思われる。

馬場は整理を言い渡され、多摩川寮を出て近所に下宿したが、巨人軍の選手が出入りする雀荘に顔を出して、寂しそうに「俺も入れてくれ」と言ったという。加藤克巳がその光景を覚えている。

それなりの未練はあったのだろう。

三原大洋で新しいスタートを切る

当時の巨人は二軍の選手であっても他球団の一軍選手とそん色ない実力を有する選手が多かった。

このとき整理を申し渡された選手のうち、そのまま野球をやめたのは一軍経験のなかった寺口と服部だけだった。

ノンプロに転身したのは土岐、工藤のふたり。

松下、竹下、吉井は、前年の巨人の二軍監督だった千葉茂が監督を務める近鉄に移籍、馬場正平は、大洋ホエールズに移籍が決まった。

前述のように、大洋にはこの年から巨人のコーチだった谷口五郎が移籍していた。また、馬場を直接スカウトした源川英治《みながわえいじ》もこのチームに移っていた。

さらに、次年度からは三原脩が監督になることが内定していた。

三原脩は早稲田大学時代から慶應義塾大学の水原茂〔円裕〕とは宿命のライバルとされていた。

卒業後、ふたりは巨人のチームメイトになる。終戦後、三原は一時期新聞記者をしていたが、1947（昭和22）年に巨人軍監督となる。

しかし1949年に水原茂がシベリアから復員するとふたりの確執が生じる。ファンや選手、球団は人気、功績抜群の水原の起用を望んだが、三原は拒んだ。このためオフに「三原排斥運動」が起こる。

翌1950年は三原が総監督、水原がプレイングマネージャーとなったが、三原は実質的に名誉職として棚上げされた。

三原は翌年に西鉄ライオンズの監督に就任。当初は中位に低迷していたが、中西太《なかにしふとし》、豊田泰光《とよだやすみつ》、稲尾和久ら新戦力に恵まれ、1956（昭和31）年から巨人を日本シリーズで3タテ。戦前から続く宿命の対決に決着をつけた。

水原、三原、ふたりの偉大な野球人の関係は、スポーツマンらしい「ライバル」というより「仇敵」に近いものになっていた。

その三原が1960年から巨人と同じセ・リーグで采配を握ることになったのだ。三原は最下位だった大洋の戦力を補強するとともに、自らに近い野球人をコーチ、スタッフとして引き入れた。巨人からも人材を引き抜いた。早稲田大学の先輩である谷口も三原人脈に加わった。

大洋の入団テストを無事にパス

馬場は、巨人の退団が決まると、大洋に移っていたスカウトの源川英治の家を訪れ、前途を相談している。彼は野球を続けたいと訴えた。

それから約1か月後、馬場は源川から「大洋でキャッチャーの入団テストがある。相手役を務めてくれないか」と連絡を受けた。

源川は「練習場には森茂雄《もりしげお》社長も三原監督も見に来る」と付け加えた。

大洋のグランドは、巨人の多摩川グランドとは川を挟んで向かい側にある。

源川が持って回った言い方をしたのは、整理されたとはいえ、敵軍にいた選手を大っぴらにテストするのははばかられたのかもしれない。水原、三原の関係を考えれば、そうした配慮もあり得るだろう。

季節は12月に入っていた。大洋の多摩川グランドで、馬場は投球を大洋の首脳陣に披露した。川向こうには通いなれた巨人の多摩川グランドが見えていたはずだ。馬場は巨人のユニフォームを裏返しに着て投げたという。

その日の夜には内定が決まった。三原監督が、谷口五郎コーチに「馬場を三保《みほ》キャンプに連れて行くように」と指示した。

三保とは現静岡県静岡市清水区の景勝地。大洋はここで春季一次キャンプを張っていた。馬場は新しいステージに向けて体を一から鍛えるべく、多摩川土手を走った。

不慮の事故で野球を断念

大洋ホエールズは、前年まで静岡県三保での一次キャンプを終えた後、2月初旬から愛媛県松山、鹿児島とキャンプ地を移動していた。

この年から大洋は、巨人が宮崎にキャンプ地を変更して空いた県立明石公園球場を使用することになっていた。

1月下旬から行った三保キャンプを打ち上げた三原新監督以下の大洋ナインは、2月8

日、明石に入った。ここで本格的なキャンプがスタートしたのだ。

馬場はテスト生の扱いだったが、入団は内定していた。

2月12日の金曜日は、明石キャンプ最初の休日だった。

馬場正平は、他の選手が外出した後、ゆっくりと宿舎の風呂に浸かっていた。湯ぶねから出ようとした馬場は、急に立ちくらみがして背後のガラス戸にもたれかかった。

ガラス戸のガラスはぶ厚かったが、馬場の全体重がのしかかるとひとたまりもなかった。

左ひじはガラスを突き破った。

大きな音がしてあたりは血に染まった。

馬場は左わき腹から左腕の内側にかけて裂傷を負った。すぐに救急車が呼ばれ、馬場は緊急手術を受けた。

救急車では「眠っちゃいけない」と言われたという。

35針も縫う大けがだった。

左ひじの筋が切れたために、左手の中指と薬指がくっついたままになった。

これではグローブに手を入れることができない。

当時の記事によると、馬場はこのけがで不採用になったとされているが、馬場自身は「きっぱりと野球に決別した」と言っている。

どちらも真実なのではないか。不慮の事故によって、馬場正平は即戦力として期待できなくなった。球団としても、契約は難しくなった。

それでも馬場正平が入団を強く希望したのなら、スカウトの源川英治やコーチの谷口五郎を通して残留を懇願することもできただろう。

左手の傷も単なる裂傷であり、深刻な傷ではなかった（事実、2週間で完治した）。

しかし馬場正平はそれをしなかった。巨人軍を整理されたときもそうだが、馬場はクビの通告をあっさり受け入れた。

無駄ではなかったプロ野球生活

プロ野球入りして5年、馬場正平には自らの置かれた境遇がはっきりとわかっていたのだろう。

川上哲治、杉下茂、長嶋茂雄などの才能にあふれた大選手を見るにつけ、自らの才能の限界を感じていたのではないか。

また「水原あやまれ事件」などのお家騒動でも、馬場はうまく立ち回ることができなかった。

馬場は、巨人軍にいた5年間で、人間関係で悩んだことはなかったと言っている。特に投手仲間とは仲良く付き合ったが、そういう態度が首脳陣からは「意欲に欠ける」と見られることもあった。

あとになって「俺の敵はこいつら（同僚の投手）だったんだ」と気がついたというが、そうした純朴さ、人の良さは、競争の激しいプロ向きとは言えなかった。

この年の「週刊文春」3月28日号に、見開きで馬場正平の記事が載っている。

「巨人軍を追われた〝ミスター巨人〟」

というタイトルで、馬場の経歴や、このたびのけがのことが紹介されている。

野球雑誌ではなく一般誌で大きく取り上げられたのは、これがはじめてではないか。

大洋を解雇されてから、馬場は元横綱・吉葉山の宮城野部屋から話があり、相撲を取ったところ、三段目クラスの力士を手玉に取ったという。

また力道山の道場からも話があった。

馬場はインタビューに答えて、

「もう何でもやろうと思っています。どうせつらいなら相撲よりプロレスのほうがいいかな。そりゃ野球には大いに未練があるけど。とにかく、みみっちい話だけど生活費を稼がなくては」

と語っている。

意外だったのは、その記事に掲載された馬場の写真だ。記者の質問に身振りを交えて答える馬場正平の表情は明るい。好青年の面影をたたえている。そして22歳とは思えないほど落ち着いている。

下垂体性巨人症という宿痾にとりつかれ、一般社会では生きにくい運命をまといながら歩んだ馬場の青春時代は、ともすれば暗色だったと思いがちだ。しかし、こうして彼の半生を追いかけて思うのは、彼の青春は、決して暗くはなかったということだ。

常に馬場正平は前向きで、ひたむきだった。そして明るかった。

その背景には、故郷の人々の善意、肉親の愛情もあったとは思うが、馬場正平自身が、基本的にネアカで、逆境もピンチも軽く乗り越えるしたたかさを持っていたのだと思う。故郷三条、プロ野球と境遇が変わるたび、馬場はいろいろなことを学び、大人になっていった。

プロレスに入門した時点で、馬場正平は、すでにアスリートとしての心得や、人間関係を見通す能力を身につけていたのではないだろうか。

「巨人軍の巨人」としてプロ野球で過ごした歳月は、ジャイアント馬場へと進化するための貴重な「助走期間」であり、決して無駄ではなかったのだ。

巨人軍を追われた"ミスター巨人《ジャイアンツ》"

六尺四寸の"大投手"馬場正平の悲劇

昭和三十二年、セントラル・リーグの優勝は閉幕近くまで混とんとして分らなかった。

本命の巨人はエースの大友が故障、堀内、木戸、藤田、別所の投手陣にキメ手がなく、終盤戦近くまで、二位と三位を行ったり来たりというありさま。

「投手陣がこうガタガタでは優勝はダメだな」こんな声が評論家の間、そしてファンの間にささやかれていた。

杉下と投げ合う

そんな時、小西得郎氏は八月のあるゲームの放送のときこんなことを云った。

「……どっかえ、ひっかえ出る投手がこう打たれてはもう施すすべもありません。こうなったら思い切ってあの巨漢の馬場正平でも使ってみたらどうなんでしょうかねえ。案外目先が変って、立ち直りのキッカケになるかも知れませんよ……」

馬場正平は三十年に巨人に入団、この八月に一軍に昇格したばかり。六尺四寸、三十貫という巨漢だが、よほどの巨人ファンでないとその名は知らなかっただろう。

この小西氏のことばがそうさせたかどうかは分らないが、馬場は八月二十五日、甲子園での対阪神22回戦の八回裏、敗戦処理投手として初登板。三者凡退におさえて責を果した。

その後対阪神戦にやはり一回だけ投げたが、十月二十三日の対中日25回戦に彼は初めての先発投手として登板した。もちろん巨人の優勝はきまったあとの試合であり、興味は杉下が二百勝目をあげるかどうかだけだったので、この巨漢投手の登板はファンを喜ばせた。

最初はあがったか、いきなり岡嶋、井上に打たれて一点をとられたが、以後一球一球丹念に投げ、三安打の散発で五回までその一点だけにおさえた。しかし、代った後藤、藤田が打たれた上、巨人の打棒は全く振わず10－0で敗け。彼は敗戦投手となってしまった。

"もう何でもやる、と馬場クン

彼の投球を見た読売の記者から巨人の球団に連絡があり、谷口コーチ（当時巨人）の命を受けた

彼が入団したときの二軍コーチだった藤本英雄氏（現大和証券監督）は、

くの教会に野菜を運んだりしているうちにすすめられてクリスチャンになった。

「週刊文春」に、プロ野球を引退した馬場の記事が掲載される（当時22歳）。

馬場正平のプロ野球人生は5年で幕を閉じた。当時のプロ野球選手は平均すれば3・5年で球界を去っていたから、決して短いわけではない。

しかし公式戦わずか3試合、0勝1敗は、完全燃焼からは程遠い。

いろいろな選択肢があったが、馬場は最終的にプロレスラーの道を歩んだ。

翌年4月に馬場正平は、力道山に入門する。ヒンズースクワット100回を命じられて、即座にやってみせて、一発で合格したという。

馬場と力道山は旧知の間柄。巨人軍時代に馬場は力道山から勧誘されたこともあった。

周囲からは既定路線のように思われていたが、馬場自身にはそれなりの屈託があったようだ。

プロレスラーになった馬場については、柳澤《やなぎさわ》健《たけし》氏の快作『1964年のジャイアント馬場』に詳しい。

この本で私がいちばん好きなのは、馬場正平がニューヨークの街を歩くくだりだ。

柳澤氏は「東京スポーツ」を引用している。

「俺はそれまで背伸びをして歩いたことがなかった。子どもの頃から背がでかいことが俺の大きなコンプレックスになっていた。背を丸めて猫背になったりね……。下向いて歩く癖がいつの間にかついていたんですよ。それがニューヨークへ行って、本当に背伸びして胸を張って歩けるようになった。特注じゃなくても俺に合う洋服や靴が買えたしね。ああ、レスラーになってよかったと、しみじみ思ったねえ」

背が伸びはじめて以来、何とかして目立つまい、と人と人の間に顔をうずめてきた少年は、プロ野球に入って、その巨体を世間にさらすことになった。

しかし人並み外れた長身は、野球をする上では宝の持ち腐れだった。

むしろ体が大きすぎるために、馬場は常に評価が低かった。メディアは馬場正平を、球界の道化師のように扱った。

年を経るうちに、馬場正平の名前は色あせていった。キャンプ地でランニングをする姿も心持ちうつむき加減で、元気がなさそうに見えた。

彼の巨体は、野球選手になるために神が与えたものではなかったのだ。

馬場正平は、プロレスラーに転身し、アメリカという新天地へ渡ることで愁眉《しゅうび》を開いた。

馬場正平の半生を追いかけてきた私は、彼がニューヨークの摩天楼で、ビル群にも負けないくらい背伸びをするシーンを想像して胸が熱くなった。

彼はもう迷わなかった。61歳で世を去るまで、プロレスラーとして一筋の道を歩んだ。曲折を経て、馬場正平は天職を見つけたのだ。

1960年4月、力道山に誘われ、プロレスラーとしての道を歩む馬場。（写真：報知新聞社）

あとがき

取材を通じて実感したのは、時の流れの速さだ。

およそ60年前の、野球選手時代の馬場正平を知る人は思いのほか少なかった。

学生時代の馬場の同級生や先輩、後輩の中にも物故した人が多かった。

本文にも書いたが、馬場の郷里三条市は馬場の没後5年目に起こった7・13大水害によって甚大な被害をこうむった。

馬場の実家があった地域も大きな被害を受けた。取材をした町の人々の中にも、このときに写真アルバムなどを逸失した人も多かった。

ある女性は「あれ以後、アルバムや貴重品は、天井近くのいちばん高い戸袋に入れるようにしています」と話した。馬場が通った小学校、中学校の被害も大きく、当時の学校関連の資料はあらかた失われていた。

そして校舎も移転、統合され、馬場が通った学校自体もなくなった。

私の実力不足で、取材も思うようにははかどらなかった。馬場が1年半通った高校からは取材を拒否された。当時の巨人二軍を知るジャーナリストにも断られた。ぶしつけな依頼をしたものだと思っても後の祭りだった。

さらに、残念ながら、取材をしても、材料にならないものも多かった。

馬場正平の地方での二軍戦を見た人に何人か話を聞いた。当時の二軍戦のありさまや、馬場のプレーぶりが聞けるかと期待したのだが、人々は異口同音に馬場正平の巨大さを語った。

「他の選手は馬場の胸までしかなかった」

「まるで二階から投げているようだった」

この本の取材を進めるうちに、馬場の「巨大さ」そのものは、重要な要素ではなくなっていたので、私はこの手の取材を途中で断念した。

そして馬場の外形的な特徴の向こうにある本質、彼の人柄や心の動きなどを知る人を探すことにした。

馬場がモルモン教徒であることを知っていたので、三条市のモルモン教会に連絡したところ、若い外国人が片言で「その話、聞いたことある。ババを知っている年寄り、いる」

と言ったのを手掛かりに、若いころの馬場正平を知る前田夫妻を紹介してもらった。これが大きかった。

モルモン教の仲間は、家業の青果商として多忙な日々を送る馬場家を補完するように、馬場をコミュニティに招き入れた。馬場はモルモン教の仲間に囲まれて、多感な青春時代を送ったのだ。

この取材の最後に新潟県三条を三訪したとき、前田豊実さんは、「正ちゃんにも作ってあげたやきそば」を作ってくれた。それは私の母もよく作ってくれた素朴で優しい味のやきそばだった。そのやきそばで馬場正平とつながったような気がした。

さらに東京にあるモルモン教本部では、モルモン教アジア北広報部長の関口治氏から、当時の日本におけるモルモン教の状況などを聞いた。そして何より、馬場正平をモルモン教に導いた宣教師・デビッド池上氏の存在を知ることができた。

馬場正平の姉の姪の幸子さんに話が聞けたのも幸いだった。馬場の姉のヨシさんは90歳。幸子さんが代わって答えてくれたが、面倒な質問にも丁寧に応じてくださった。

巨人時代以降の話は、野球史家・松井正《まついただし》さんの研究によるところが大きい。

彼は国立国会図書館に通い、古書を買い集めて当時のプロ野球二軍の記録を再構築している。これは日本プロ野球機構も含め、どこもやっていないことだ。これによって、戦後プロ野球の知られざる一面が明らかになろうとしている。

馬場の二軍記録は、まるごと松井さんの研究を使わせてもらった。彼は私の厚かましい依頼を快諾してくれた。

この本を書くにあたって、尊敬するノンフィクション作家の長谷川晶一《はせがわしょういち》さんにはまだ一字も書かないうちから相談に乗ってもらった。速いペースでウィスキーグラスを傾けながら、長谷川さんはどこまでも冷静にアドバイスをしてくれるのだった。

また私淑する報知新聞・蛭間豊章《ひるまとよあき》記者には、取材のあっせんや、写真の手配もお願いした。いつもながらお世話になりっぱなしである。

讀賣巨人軍広報部の江里口春美《えりぐちはるみ》さんには、ご多忙中にもかかわらず巨人軍ＯＢに取り次いでいただいた。

巨人ＯＢ各位、なかでも加藤克巳さんと小松俊広さんには貴重なお時間を賜った。

また今や日本球界の至宝というべき杉下茂さんに長時間話を聞くことができたのは、幸せなことだった。杉下さんは「週刊ポスト」の鵜飼克郎さんにご紹介いただいた。感謝。

日本の脳神経外科の最高権威である東京労災病院の寺本明院長には、多忙な中を縫ってお時間を賜った。素人の稚拙な質問にも丁寧にお答えくださった。さらに、馬場正平の下垂体腫瘍除去の手術日についても確認いただいた。

こういう方々のご厚意、ご協力があってこの本は成った。深く御礼を申し上げたい。

この本の企画を見るなり「やりましょう！」と言ってくれた編集者・圓尾《まるお》公佑《こうすけ》さんは、たびたびの原稿遅延に対しても激高することなく待ってくれた。いつもながらありがとうございました。

調査を進める過程で、馬場の自伝とは大きく異なる事実がいくつも出てきた。馬場の正史はこれによって書き換えられると思われる。しかし、馬場正平が残した言葉は、些末な事実関係を越えて後世に残るものと考える。

私は大阪府立体育館の周辺などで馬場正平を何度か見かけたことがある。肩から上を雑踏から突出させた馬場正平は、テレビで見るよりはるかに大きかった。悠揚迫らず歩く様子は一種の風格があった。

一言でいえば「夢のように大きい」人だった。

今、その巨体は「時間」という帳《とばり》の向こうにゆらゆらと消えて行こうとしているが、そのよすがでも感じていただければ、これに勝る幸せはない。

２０１５年９月30日

広尾　晃

馬場正平の野球成績(高校時代、巨人軍時代)

■新潟県三条実業高校

1954年　高校通算　6試合・3勝3敗1完投

月日	大会	対戦相手	球場	結果	登板	捕手	回	失点	
不明	春季高校野球中越大会	長岡商業高校	三条実業グランド	○9-3	先発	高橋伸義			○
不明	北信越地区高校野球新潟大会 中越地区大会一回戦	長岡工業高校	長岡悠久山	○2-1	先発	高橋伸義			○
不明	北信越地区高校野球新潟大会 中越地区大会二回戦	長岡高校	長岡悠久山	○4-1	完投	高橋伸義	9	1	○
5月9日	北信越地区高校野球新潟大会 中越地区大会決勝戦	長岡商業高校	長岡悠久山	●0-9	先発	高橋伸義	5	7	●
7月18日	全国高校選手権大会信越大会新潟県予選一回戦	長岡高校	長岡悠久山	●0-1	先発	高橋伸義	9	1	●
不明	秋季高校野球中越大会三回戦	長岡工業高校	不明	●0-1	先発	高橋伸義	9	1	●

■讀賣巨人軍

1955年　二軍　3試合・0勝0敗

日時	シリーズ	対戦相手	球場	結果	登板	捕手	回	失点
6月22日	イースタン・リーグ	大洋(3回戦)	川崎	○3-2	先発	森昌彦	4.2	2
7月17日	新日本リーグ	大洋(2回戦)	土浦市営	○5-1	救援	山崎弘美		
不明	二軍戦	大洋	巨人多摩川	●2-3	救援			

1956年　二軍　7試合・2勝1敗

日時	シリーズ	対戦相手	球場	結果	登板	捕手	回	失点	
6月16日	多摩川球場開設1周年記念 在京六球団新人トーナメント戦	大映	巨人多摩川	●1-6	救援	加藤克巳	4	1	
6月17日	多摩川球場開設2周年記念 在京六球団新人トーナメント戦	大洋	巨人多摩川	○3-2	救援	加藤克巳			○
6月28日	東北、北海道遠征	国鉄第1試合	会津若松	○4-1	救援	島田博			○
7月3日	東北、北海道遠征	中日	大舘	●7-8	先発	加藤克巳			
8月29日	二軍戦	国鉄第2試合	大曲	○4-1	救援	加藤克巳			
9月5日	二軍戦	毎日	巨人多摩川	△1-1	救援	加藤克巳			
9月16日	二軍戦	国鉄第2試合	小山	●8-7	先発	棟居進			●

1957年　一軍　3試合・0勝1敗・7回自責点1／二軍　12試合・4勝2敗

日時	シリーズ	対戦相手	球場	結果	登板	捕手	回	失点	
4月16日	二軍戦	東映	巨人 多摩川	●1-4	先発				●
5月11日	大洋多摩川球場開場記念	大洋	大洋 多摩川	△1-1	先発	竹下 光郎	5	0	
5月19日	二軍戦	国鉄 第2試合	小山市営	●3-2	救援	棟居 進			
6月1日	二軍戦	国鉄	巨人 多摩川	○4-0	完封	竹下 光郎	9	0	○
6月29日	東北、北海道遠征	国鉄 第2試合	青森市営	○6-4	完投	竹下 光郎	9	4	○
7月4日	東北、北海道遠征	国鉄 第2試合	秋田手形	○4-1	完投	竹下 光郎	9	1	○
7月9日	東北、北海道遠征	国鉄 第2試合	名寄市営	○5-4	先発	竹下 光郎			○
7月13日	東北、北海道遠征	大洋 第1試合	釧路市営	○3-0	救援	竹下 光郎		0	
7月14日	東北、北海道遠征	国鉄	帯広市営	●2-4	救援	山崎 弘美		0	
7月16日	東北、北海道遠征	国鉄	小樽 桜ヶ丘	●6-10	救援	島田 博			●
7月21日	東北、北海道遠征	大洋	米沢市営	●2-8	救援	竹下 光郎			
8月3日	厚木駐留米軍戦	厚木米軍	厚木駐留軍 グランド	△7-7	救援	棟居 進			
8月25日	セントラル・リーグ 公式戦	大阪 22回戦	甲子園 第2試合	●1-9	救援	森 昌彦	1	0	
10月15日	セントラル・リーグ 公式戦	大阪 25回戦	後楽園 第2試合	●0-4	救援	藤尾 茂	1	0	
10月23日	セントラル・リーグ 公式戦	中日 25回戦	後楽園 第1試合	●0-10	先発	藤尾 茂	5	1	●

1958年　二軍　18試合・7勝1敗

日時	シリーズ	対戦相手	球場	結果	登板	捕手	回	失点	
3月4日	二軍戦	阪急	西宮	●7-8	救援	加藤克巳			
3月9日	二軍戦	南海 第2試合	姫路	○13-1	完投	加藤克巳	9	1	○
6月14日	新潟遠征	国鉄 第2試合	新潟白山	●2-4	先発	島田博			●
6月15日	新潟遠征	国鉄 第2試合	新潟白山	△2-2	救援	島田博			
7月6日	東北、北海道遠征	国鉄	盛岡	○7-6	先発	加藤克巳			
7月10日	東北、北海道遠征	国鉄 第1試合	名寄市営	●5-6	救援	加藤克巳			
7月10日	東北、北海道遠征	国鉄 第2試合	名寄市営	○10-0	救援	加藤克巳	1	0	
7月14日	東北、北海道遠征	国鉄	三菱美唄	○10-4	先発	加藤克巳			○
7月17日	東北、北海道遠征	大洋	弘前	●4-17	救援	島田博			
7月20日	東北、北海道遠征	国鉄 第2試合	仙台	△1-1	完投	島田博	9	1	
8月16日	信越、佐渡遠征	国鉄 第1試合	野沢北高グランド	○8-7	救援	島田博			○
8月16日	信越、佐渡遠征	国鉄 第2試合	野沢北高グランド	●4-14	救援	島田博			
8月17日	信越、佐渡遠征	国鉄	中野市営	○1-0	救援	加藤克巳			
8月21日	信越、佐渡遠征	阪神	佐渡河原浜田	○11-5	救援	加藤克巳			○
8月25日	信越、佐渡遠征	阪神 第1試合	柏崎	○5-4	救援	加藤克巳			○
8月25日	信越、佐渡遠征	阪神 第2試合	柏崎	○8-0	完封	加藤克巳	9	0	○
9月7日	新潟遠征	国鉄 第1試合	長岡	○9-3	完投	加藤克巳	9	3	○
9月14日	新潟遠征	国鉄 第2試合	浅見	○9-2	救援	加藤克巳			

1959年　二軍　14試合・2勝4敗・45回自責点30

日時	シリーズ	対戦相手	球場	結果	登板	捕手	回	失点	
不明	新潟遠征	不明	不明	不明	救援	不明	2	5	
8月16日	東北、北海道遠征	国鉄 第1試合	山形市営	○5-4					○
8月19日	東北、北海道遠征	国鉄	湯本市営	○5-1					○
8月21日	東北、北海道遠征	阪神	秋田手形	●1-2					●

5年間通算

一軍　3試合・0勝1敗・7回自責点1

二軍　54試合・15勝8敗（二軍は判明した分のみ）

■巨人一軍での成績①

8月25日　第2試合　22回戦
阪神甲子園球場

	1	2	3	4	5	6	7	8	9	
巨人	0	0	0	1	0	0	0	0	0	1
大阪	0	1	0	0	2	5	1	0	X	9

巨人

	守備	打者	打	安	点	振	球	盗
1	右　中	坂崎一彦	4	1	0	1	0	0
2	遊	広岡達朗	2	0	0	0	0	0
	遊	藤本　伸	1	0	0	1	0	0
3	中	与那嶺要	3	0	0	0	0	0
	右	十時啓視	1	0	0	0	0	0
4	一	川上哲治	3	1	1	0	0	1
	一	岩下守道	0	0	0	0	0	0
5	左	宮本敏雄	3	0	0	2	0	0
6	捕	森　昌彦	2	0	0	1	1	0
7	二	内藤博文	2	1	0	0	0	0
8	三	土屋正孝	3	0	0	1	0	0
9	投	義原武敏	0	0	0	0	0	0
	投	木戸美摸	2	0	0	1	0	0
	投	後藤　修	0	0	0	0	0	0
	打	岩本　堯	1	0	0	1	0	0
	投	馬場正平	0	0	0	0	0	0
			27	3	1	8	1	1

	投手	回数	安	振	球	責
●	義原武敏	1.2	2	0	2	1
	木戸美摸	4	4	3	3	1
	後藤　修	1.1	2	0	0	1
	馬場正平	1	0	0	0	0

大阪

	守備	打者	打	安	点	振	球	盗
1	遊	吉田義男	5	1	0	1	0	0
2	右	並木輝男	4	1	0	0	1	0
3	左	大津　淳	4	1	3	0	1	0
4	中	田宮謙次郎	4	1	0	0	0	0
5	一	渡辺博之	4	0	0	0	0	0
6	三	三宅秀史	2	1	1	0	1	1
7	二	河津憲一	1	0	0	0	1	0
	二	白坂長栄	2	0	0	0	0	0
8	捕	山本哲也	4	3	2	1	0	1
9	投	大崎三男	3	0	0	1	1	0
			33	8	6	3	5	2

三塁打　田宮　　二塁打　山本

	投手	回数	安	振	球	責
○	大崎三男	9	3	8	1	1

■巨人一軍での成績②

10月15日　25回戦
後楽園球場

	1	2	3	4	5	6	7	8	9	
大阪	0	1	0	0	0	3	0	0	0	4
巨人	0	0	0	0	0	0	0	0	0	0

大阪

	守備	打者	打	安	点	振	球	盗
1	右	並木輝男	4	2	0	0	0	0
2	二	白坂長栄	3	0	0	0	0	0
3	三	三宅秀史	3	0	0	1	1	0
4	中	田宮謙次郎	4	1	1	1	0	0
	左	西山和良	0	0	0	0	0	0
5	左　中	大津　淳	4	0	1	0	0	0
6	一	藤本克巳	4	1	1	0	0	0
7	捕	山本哲也	4	3	1	0	0	0
8	遊	鎌田　実	4	0	0	1	0	0
9	投	小山正明	4	1	0	3	0	0
			34	8	4	6	1	0

	投手	回数	安	振	球	責
○	小山正明	9	5	6	0	0

巨人

	守備	打者	打	安	点	振	球	盗
1	右	加倉井実	3	0	0	0	0	0
	右	岩本　堯	1	0	0	0	0	0
2	遊	広岡達朗	4	1	0	0	0	0
3	中	与那嶺要	4	1	0	2	0	0
4	一	川上哲治	4	0	0	0	0	0
5	左	宮本敏雄	4	0	0	2	0	0
6	二	内藤博文	3	1	0	1	0	0
7	三	土屋正孝	2	2	0	0	0	0
8	捕	森　昌彦	2	0	0	0	0	0
	打	坂崎一彦	1	0	0	1	0	0
	捕	藤尾　茂	0	0	0	0	0	0
9	投	別所毅彦	2	0	0	0	0	0
	投	藤田元司	0	0	0	0	0	0
	打	十時啓視	1	0	0	0	0	0
	投	馬場正平	0	0	0	0	0	0
			31	5	0	6	0	0

三塁打　広岡　　二塁打　土屋

	投手	回数	安	振	球	責
●	別所毅彦	5.1	5	2	1	3
	藤田元司	2.2	3	2	0	0
	馬場正平	1	0	2	0	0

■巨人一軍での成績③

10月23日　第1試合　25回戦
後楽園球場

	1	2	3	4	5	6	7	8	9	
中日	1	0	0	0	0	3	3	3	0	10
巨人	0	0	0	0	0	0	0	0	0	0

中日

	守備	打者	打	安	点	振	球	盗
1	三	岡嶋博治	5	3	0	0	0	0
2	中　右	中　利夫	5	2	1	0	0	0
3	二	井上　登	1	1	0	0	0	0
	二	日野美澄	3	2	3	0	1	0
4	一	西沢道夫	4	2	2	0	0	0
5	右	原田督三	2	0	0	1	0	0
	中	太田文高	3	2	0	0	0	0
6	左	杉山　悟	5	1	1	0	0	0
7	遊	牧野　茂	4	1	1	1	0	0
8	捕	河合保彦	5	2	2	0	0	0
9	投	杉下　茂	4	2	0	0	0	0
			41	18	10	2	1	0

二塁打　井上

	投手	回数	安	振	球	責
○	杉下　茂	9	4	5	0	0

巨人

	守備	打者	打	安	点	振	球	盗
1	遊	広岡達朗	4	0	0	1	0	0
2	二	内藤博文	4	0	0	1	0	0
3	右	坂崎一彦	4	1	0	0	0	0
4	左	宮本敏雄	4	1	0	1	0	0
5	中	岩本　尭	3	1	0	1	0	0
6	捕	藤尾　茂	2	0	0	0	0	0
	捕	森　昌彦	1	0	0	0	0	0
7	一	岩下守道	3	1	0	0	0	0
8	三	土屋正孝	3	0	0	0	0	0
9	投	馬場正平	1	0	0	1	0	0
	投	後藤　修	1	0	0	0	0	0
	投	藤田元司	1	0	0	0	0	0
			31	4	0	5	0	0

二塁打　坂崎

	投手	回数	安	振	球	責
●	馬場正平	5	5	1	0	1
	後藤　修	1	5	0	1	5
	藤田元司	3	8	1	0	4

■馬場正平 年表（プロレスラーになるまで）

年		馬場正平		読賣巨人軍、プロ野球の動き				社会の動き
西暦	元号	年齢	できごと	順位	監督	二軍監督		
1938	昭和13	0歳	1月23日、新潟県三条市西四日町に生まれる。父は馬場一雄、母ミツ、兄正一（まさいち）、姉ヨシ、アイ子。	春2位 秋優勝	藤本定義		3月1日、川上哲治、吉原正喜の熊本工バッテリー、千葉茂（松山商）らが入団。11月17日、中島治康、日本プロ野球史上初の三冠王。	1月1日、新潟県豪雪、十日町で死者74人。4月1日、日本、国家総動員法公布。5月施行。
1940	昭和15	2歳		優勝	藤本定義		9月13日、連盟から英語禁止の通達、ジャイアンツのニックネームをやめ巨人軍とする。多摩川に合宿所できる。	
1941	昭和16	3歳		優勝	藤本定義			12月8日、真珠湾攻撃。太平洋戦争はじまる。
1943	昭和18	5歳	2月6日、兄正一、ブーゲンビルで戦病死。	優勝	中島治康			2月1日、ガダルカナル島から日本軍撤退。
1944	昭和19	6歳	4月、三条市立四日町国民学校に入学。	2位	藤本英雄		11月13日、日本野球報国会がプロ野球の一時休止声明。	
1945	昭和20	7歳	8月1日、長岡空襲を自宅の屋根から父と見る。近所の田んぼに家財を移し疎開するが終戦。				11月23日、戦後初のプロ野球試合東西対抗戦（神宮球場）。	6月、ドイツ降伏。8月15日、終戦。
1948	昭和23	10歳	このころから身長が急速に伸び始める。自転車でリヤカーを引っ張り、市への店出しを手伝うようになる。ドッジボールで校内1位になる。	2位	三原 脩		8月7日、横浜ゲーリッグ球場で日本初のナイター。巨人2対3中日。	5月、馬場と同い年の美空ひばりが歌手デビュー。

1949	昭和24	11歳	このころ、2歳下の佐藤健一らとやんちゃぶりを発揮する。国鉄の電車を止めて、親が警察に呼ばれる騒ぎを起こす。 三条市内にできた少年野球チーム「若鮎クラブ」に入団。 5月19日、新潟市白山球場で巨人-中日戦を観戦。 9月25日、読売新聞社主催「プロ野球ファンの集い」に参加するため上京。	優勝	三原脩		三原脩監督の排斥運動起きる。 9月25日、東京都港区、芝スポーツセンター開館式で、読売新聞社主催「プロ野球ファンの集い」が行われ、2代目「巨人軍の歌」発表。	7月、下山事件、三鷹事件。 10月、湯川秀樹、ノーベル物理学賞を受賞。日本人初のノーベル賞受賞者。
1950	昭和25	12歳	4月、三条市立第一中学校に入学。野球部に入り、主に一塁手として活躍する。	3位	水原茂		プロ野球2リーグに分裂。 6月28日、巨人の藤本英雄がプロ野球史上初の完全試合を達成。	6月25日、朝鮮戦争勃発。 8月10日、自衛隊の前身である警察予備隊が発足。
1951	昭和26	13歳		優勝	水原茂		10月17日、日本シリーズは南海を4勝1敗で下し、2リーグ制後初の日本一。	1月3日、第1回NHK紅白歌合戦。10月28日、プロレスの力道山デビュー。
1952	昭和27	14歳	中越地区野球大会で優勝。 このころ、モルモン教宣教師のデビッド池上と出会う。	優勝	水原茂	内堀保	8月8日、巨人、プロ野球初の1000勝達成。 10月18日、日本シリーズで南海を4勝2敗で下し、2年連続日本一。	4月28日、日本国との平和条約発効により主権回復。GHQの占領終わる。日本国とアメリカ合衆国との間の安全保障条約発効。
1953	昭和28	15歳	4月、新潟県立三条実業高校工業科に入学。 足に合うスパイクがないため、野球部入部を断念し、美術部で絵を描くことに没頭する。 モルモン教徒の集まりに頻繁に顔を出す。 12月26日、五十嵐川でデビット池上によってモルモン教のバプテスマ(洗礼)を受ける。	優勝	水原茂	内堀保	2月15日、米国サンタマリアで初の海外キャンプのため渡米、ニューヨーク・ジャイアンツのキャンプに合流。 8月29日、後楽園の巨人-阪神のナイターを、日本テレビが初中継。	2月1日、NHKが日本で初のテレビジョン本放送を東京で開始。 6月2日、イギリス女王エリザベス2世が戴冠。 8月28日、日本初の民間放送、日本テレビが本放送を開始。

年		馬場正平		讀賣巨人軍、プロ野球の動き				社会の動き
西暦	元号	年齢	できごと	順位	監督	二軍監督		
1953	昭和28	15歳	12月27日、「聖霊のたまものを授けるための按手の儀式」。				10月16日、日本シリーズで南海を4勝2敗で下し、3年連続日本一。	
1954	昭和29	16歳	この時期、モルモン教「若い信徒の集まり(MIA)」に出席するため上京。 春、渡辺剛野球部長がスパイクを作ってくれたので、野球部に入る。 練習試合で7連勝。 7月18日、夏の甲子園予選1回戦で長岡高校に0対1で惜敗する。 8月?、秋季大会で、長岡工業に0対1で惜敗する。 このころ、捕手の高橋とともに、高橋ユニオンズのテストを受けようとする。 巨人の源川英治スカウトが、三条実業高を通じて馬場正平にアプローチ。 10月7日、讀賣巨人軍との間に入団契約を結ぶ。支度金20万円、初任給1万2千円。 11月14日、モルモン教の「アロン神権の執事の職」に召される。 11月20日、ヘルニアの手術と巨人軍の身体検査のため母ミツとともに上京。飯田橋病院に入院。	2位	水原茂		2月、オーストラリアキャンプ。 野村克也、南海に入団。 7月25日、大阪球場の阪神-中日戦が放棄試合となる。 8月20日、川崎球場で高橋ユニオンズの入団テスト。馬場正平は参加せず。 10月、杉下茂を擁する中日に敗れ、2位に終わる。	1月14日、マリリン・モンローがジョー・ディマジオと結婚。 2月1日、ジョー・ディマジオ、マリリン・モンロー夫妻が来日。 2月19日、日本初の国際プロレスリング大会が蔵前国技館で開かれる。 9月6日、ヴェネツィア国際映画祭で黒澤明監督の『七人の侍』と溝口健二監督の『山椒大夫』の日本映画2作品が金獅子賞(グランプリ)を受賞。 9月26日、洞爺丸事故。 11月3日、「ゴジラ」第1作(本田猪四郎監督)公開。

1955	昭和30	17歳	1月15日、三条実業高校を中退し、讀賣巨人軍に入団。多摩川合宿所に入寮。背番号は59。 この年、中南米遠征に出た巨人主力の東大グランドでの練習に参加。 2月、宮崎県串間キャンプに参加。 3月、二軍に振り分けられる。 6月22日、川崎球場のイースタン・リーグ、大洋との3回戦で、馬場は先発。プロ入り初登板。 7月17日、土浦市営球場での新日本リーグ、大洋との2回戦で救援登板。 8月、北海道遠征があるが、馬場正平は参加せず。 ●1年目の二軍登板は3試合にとどまる。0勝0敗。	優勝	水原 茂	新田恭一	2月2日、中南米7か国遠征に出発（3月16日帰国）。 2月23日、イースタン・リーグ結成。 6月11日、巨人軍専用の多摩川球場が開場。 10月16日、日本シリーズで南海を4勝3敗で下し、2年ぶりに日本一。	1月、トヨタが「クラウン」、日産が「ダットサン」を発売する。 5月27日、ヘレン・ケラーが来日。 7月9日、後楽園遊園地が完成。 8月24日、森永ヒ素ミルク中毒事件が発覚 昭和の大合併が進む。
1956	昭和31	18歳	1月15日、3年目までの若手による多摩川キャンプに参加、2月1日から明石キャンプ、28日から高松キャンプ。明石でのちの妻になる伊藤元子と出会う。 3月、二軍に振り分けられる。 6月16日、多摩川球場開設一周年、在京六球団新人トーナメント戦で、大映戦に三番手投手として登板。 7月、東北、北海道遠征。馬場正平は参加するも登板せず？　この間、大相撲一行と北海道で交流。 ●この年、二軍で少なくとも7試合に登板。2勝1敗。	優勝	水原円裕	内堀 保	3月25日、巨人、樋笠一夫が中日戦で杉下茂からプロ野球史上初の代打サヨナラ逆転満塁本塁打。	1月、エルヴィス・プレスリーが「ハートブレイク・ホテル／アイ・ワズ・ザ・ワン」をリリース。 2月、「週刊新潮」創刊。 5月1日、日本で水俣病第一号患者公式確認。 5月24日、売春防止法が公布。

年		馬場正平		読賣巨人軍、プロ野球の動き				社会の動き
西暦	元号	年齢	できごと	順位	監督	二軍監督		
1956	昭和31	18歳	11月、突然視力が急速に低下する。田園調布の病院にかけこみ、警察病院を紹介される。 12月、警察病院で受診。眼科検査により、下垂体性腫瘍による視力の低下と言われる。東大病院を紹介される。 12月22日、東京大学・清水健太郎教授の執刀で、右前頭開頭手術が行われる。手術は無事終了。 12月31日、退院。	優勝	水原円裕	内掘保	10月17日、日本シリーズで西鉄に2勝4敗で敗れる。 千葉茂、現役引退。	10月29日、イスラエル軍がエジプトに侵入し、第二次中東戦争が勃発。
1957	昭和32	19歳	1月中旬、多摩川キャンプに参加。 2月、兵庫県洲本市、明石市でのキャンプに参加、投球に進境を見せる。 3月、二軍に振り分けられる。 4月16日、多摩川球場での東映二軍との試合に登板。 5月、定期的に二軍戦のマウンドに立つ。 6月25日、東北、北海道遠征。馬場正平も参加。遠征中は3勝1敗。 8月21日、一軍にはじめて引き上げられる。広島市民球場の巨人一軍に参加。打撃投手を務める。 8月25日、甲子園の阪神戦で一軍初登板。ダブルヘッダーの第二戦、8回裏にマウンドに上がり、先頭吉田義男以下を三者凡退。	優勝	水原円裕	新田恭一	1月12日、ヴィクトル・スタルヒン、事故死。 2月26日、高橋ユニオンズ解散。 11月1日、日本シリーズで西鉄に4戦全敗で敗れる。	5月8日、コカ・コーラ、日本での販売を開始。 8月27日、茨城県東海村の原子力研究所で原子炉が臨界点に達する。原子力時代のはじまり。 11月4日、NHKで料理番組『きょうの料理』が放送開始。

	1958
	昭和33
	20歳
10月15日、後楽園の阪神戦で二度目の登板。9回に登板した馬場は三者凡退に退ける。 10月23日、後楽園の中日戦で一軍初先発。200勝がかかる杉下茂と投げ合い、5回1失点の好投ながらも敗戦投手になる。 ●この年の二軍での最終成績は12試合4勝2敗。 日本シリーズの選手登録から外れる。 日本シリーズ中に練習で右ひじを捻挫する。	明石のキャンプで、長嶋茂雄の柔軟体操やキャッチボールの相手を務める。 3月、二軍に振り分けられる。 3月、二軍戦に2試合登板する。 3月、右腕関節部の軟骨の除去手術を受ける。以後、マッサージ通いが日課になる。 このころから、体重の増加が目立つようになる。 6月4日、故郷新潟の白山球場の試合でマウンドに復帰する。 7月5日、東北、北海道遠征。馬場正平も参加。遠征後の表彰式で、敢闘賞を受賞。 8月、長野、新潟遠征に参加。
	優勝
	水原円裕
	千葉茂
水原監督は辞意を表明。 辞意を撤回、人事院前で品川社長に「水原君、あやまれ」と罵倒される（「水原あやまれ事件」）。 12月7日、立教大学の長嶋茂雄が巨人と契約。	1月11日、品川社長邸で和解の宴が催される。 2月、長嶋茂雄が明石キャンプに参加。大報道陣が取り巻く。 高知商の左腕投手・小松俊広、巨人入団。 4月5日、開幕戦で長嶋茂雄デビュー。金田正一に4打席4三振。 9月19日、長嶋茂雄が本塁打を打つも一塁ベースを踏まなかったために投ゴロになる。
12月17日、上野動物園内に日本初のモノレール、東京都交通局上野懸垂線が開業。	3月9日、関門トンネルが開通。 5月1日、富士重工業が「スバル・360」を発売。 8月1日、本田技研工業が「スーパーカブ」を発売。

西暦	元号	年齢	できごと（馬場正平）	順位	監督	二軍監督	読賣巨人軍、プロ野球の動き	社会の動き
1958	昭和33	20歳	この間に、女優・水野久美とともに、故郷三条市の国鉄東三条駅前をパレード。 9月、今年3度目の新潟遠征に参加。 ●二軍では、キャリアハイの18試合7勝1敗を記録するが、一軍昇格はできず。	優勝	水原円裕	千葉茂	10月4日、早稲田実業高の王貞治と契約。 10月21日、日本シリーズで西鉄に3連勝のあと4連敗で敗れる。同日、川上哲治が引退。	12月23日、東京タワー完工式。
1959	昭和34	21歳	1月、多摩川キャンプに一番乗りで参加。 2月、宮崎キャンプに参加。キャンプで王貞治の打撃投手を務める。 4月12日、立川米軍キャンプとの試合、馬場は出場せず。 4月29日、信越シリーズ。1試合だけ登板。 肩の調子が思わしくなく、登板を回避する日々が続く。 6月、少し回復したが、練習で打球を右肩に受け、再び投げられなくなる。 8月6日、東北、北海道遠征に参加。東北、北海道遠征は、7試合で1勝3敗、防御率3・64に終わる。 秋の東海道地区遠征では、救援で投げるも3試合、防御率15・00に終わる。 10月、練習中に左ひざを捻挫する。	優勝	水原円裕	武宮敏明	5月1日、正力松太郎、沢村栄治らが初の野球殿堂入り。 6月12日、野球殿堂博物館が開館。 6月25日、天皇皇后両陛下ご観戦の巨人-阪神戦で、長嶋茂雄がサヨナラ本塁打。野球人気盛り上がる。 7月2日、巨人-大洋戦（後楽園球場）を日本テレビがはじめてカラー中継。	1月1日、キューバ革命。 3月1日、フジテレビジョン、毎日放送テレビ、九州朝日放送テレビが放送開始。 3月17日、「週刊少年マガジン」（講談社）、「週刊少年サンデー」（小学館）創刊。 4月8日、「週刊文春」（文藝春秋）が創刊。 9月26日、伊勢湾台風、死者5041人、被害家屋57万戸。

	1960
	昭和35
	22歳
●この年の二軍での最終成績は、14試合2勝4敗に終わる。 11月9日、巨人軍から自由契約を通告される。 すぐに大田区鵜の木に源川スカウト(大洋に移籍)を訪ね、前途を相談する。 5年間住み慣れた多摩川の合宿所を出て、近所に部屋を借りて住む。 12月、大洋多摩川グランドで実質的な入団テストを受ける。その夜、テスト生として翌春の大洋美保キャンプに参加するように伝えられる。	1月、静岡県清水市三保の大洋キャンプに参加。 2月8日、大洋明石キャンプに参加。 2月12日、明石キャンプ休日、入浴中に立ちくらみを起こし、ガラス戸に左半身を突っ込む。左わき腹から左腕の内側にかけて裂傷を負う。救急車で運ばれ、緊急手術を受ける。35針を縫う大けが。 大洋ホエールズは、テスト生・馬場正平と契約せず。 4月、日本プロレスセンターに力道山を訪ね、入門。プロレスラーへの第一歩を踏み出す。
	2位
	水原 茂
10月29日、日本シリーズで南海に4連敗で敗れる。 11月20日、大洋の監督に三原修が就任。 12月11日、阪急・青田昇が現役を引退。	
安保闘争、全国に広がる。 12月27日、文京公会堂で第1回日本レコード大賞開催。	1月19日、日米相互協力及び安全保障条約(新安保条約)調印。 4月、タカラが「ダッコちゃん」発売(180円)。 6月15日、馬場と同学年の東大生・樺美智子、国会前のデモで死亡。

資料・野球データ提供

松井正（野球史家）

取材協力

讀賣巨人軍、報知新聞社、野球殿堂博物館、大友一仁（野球塾リトルロックハート）、
三条市立第一中学校、三条市立嵐南小学校、アクロメガリー広報センター、
ノバルティスファーマ、末日聖徒イエス・キリスト教会（順不同）

参考文献

『16文の熱闘人生』ジャイアント馬場（東京新聞出版局）
『ジャイアント馬場　王道十六文（人間の記録）』ジャイアント馬場（日本図書センター）
『人間ジャイアント馬場　リーダーの条件』小林信也（インターワーク出版）
『ジャイアント台風　ジャイアント馬場物語』高森朝雄、辻なおき（講談社漫画文庫）
『ジャイアント馬場　甦る16文キック（SJムック）』（小学館）
『王者の魂　私たちは馬場さんを忘れない』竹内宏介（駒草出版）
『1964年のジャイアント馬場』柳澤健（双葉社）
『東京読売巨人軍50年史』（東京読売巨人軍）
『プロ野球「衝撃の昭和史」』二宮清純（文春新書）
『昭和レトロスタヂアム　消えた球場物語』坂田哲彦（ミリオン出版）
『オレにも言わせろ！　日本人とプロ野球（朝まで生テレビ）』テレビ朝日編（全国朝日放送）
『日本プロ野球記録大百科』日本野球機構・編（ベースボール・マガジン社）
『高橋球団（ユニオンズ）3年間のあゆみ』秋山哲夫（自費出版）
『最弱球団 高橋ユニオンズ青春記』長谷川晶一（彩図社）
『ON記録の世界』宇佐美徹也（読売新聞社）
『栄光の背番号3　長嶋茂雄』（読売新聞社）
『多摩川巨人軍　野球人生に賭けた意地と誇り』越智正典（日刊スポーツ出版社）
『伝える　わたしが見てきた野球80年』杉下茂（中日新聞社）
『ザ・二軍！　プロ野球ファームその世界』越智正典（ベースボール・マガジン社）

『プロ野球人別帳　プロ野球を支えた個性派選手たち』千葉茂（恒文社）
『角川日本地名大辞典　新潟県』（角川書店）
『新潟県高校野球史』
『女優 水野久美』水野久美、樋口尚文（洋泉社）
『外見オンチ闘病記 顔が変わる病「アクロメガリー」』山中登志子（かもがわ出版）
『ジャイアンツ・ハウス』エリザベス・マクラッケン（新潮社）
『大相撲人物大事典』（ベースボール・マガジン社）
『文ちゃん伝 出羽ヶ嶽文次郎と斎藤茂吉の絆』大山真人（河出書房新社）

雑誌「野球界」
雑誌「ベースボール・マガジン」
雑誌「週刊ベースボール」
雑誌「週刊ジャイアンツ」
雑誌「週刊ジャイアンツ・ファン」
雑誌「ベースボール・ジャイアンツ・ファン」
雑誌「芸術新潮」
雑誌「週刊文春」

小冊子「こんなことに悩んでいませんか?」
体験談冊子「患者さんの治療のおはなしアクロメガリー（先端巨大症）と下垂体の病気」
患者さん向け冊子「アクロメガリー（先端巨大症）も医療費助成の対象に」

朝日新聞　新潟県版
新潟日報
三条新聞
三条市史
新潟県史

参考ウェブサイト
読売ジャイアンツ公式サイト
日本プロ野球機構公式サイト
報知新聞公式サイト
新潟日報公式サイト
スポーツニッポン公式サイト
Wikipedia

巨《きょ》人《じん》軍《ぐん》の巨《きょ》人《じん》　馬《ば》場《ば》正《しょう》平《へい》

二〇一五年十二月十二日　初版第一刷発行

著者　広《ひろ》尾《お》 晃《こう》
装丁・本文設計　トサカデザイン（戸倉 巖、小酒保子）
本文ＤＴＰ　松井和彌
編集　圓尾公佑
発行人　北畠夏影
発行所　株式会社イースト・プレス
〒一〇一-〇〇五一
東京都千代田区神田神保町二-四-七　久月神田ビル
電話：〇三-五二一三-四七〇〇
ファクス：〇三-五二一三-四七〇一
http://www.eastpress.co.jp
印刷所　中央精版印刷株式会社

ISBN978-4-7816-1372-7